お金がなくてもＦＩＲＥできる

井戸美枝

はじめに

23歳で会社を辞め、不安を感じながら、まずはお金のことをなんとかしようと考えた――これが、私がお金と向き合うスタートラインでした。以後、お金のことを考える日々が続いています。

人生を自由に、自分の好きなように生きていくためにあるのがお金です。お金のために人生の選択肢が狭まったり、日々お金に苦しめられたりすることは上手に避けていく必要があります。

お金のことを考える上で、とても大事になるのが時間との関係性です。

「お金を増やすには時間がかかる」「お金を増やす、増えるのは時間との関数である」。

最初にこの点をしっかりご理解いただければと思います。具体的に説明しましょう。

「お金と時間の関係」を考える

金融資産	説明
5万円	1、2日間お金に困ることのない額
50万円	1、2カ月間お金に困ることのない額
500万円	1、2年間お金に困ることのない額
5000万円	10、20年間お金に困ることのない額
5億円	ひと家族が生涯お金に困ることのない額
50億円	家族一族が親・子・孫の3代にわたりお金に困ることのない額
500億円	お金がお金を生み出し、そのお金がまたお金を生み出す額

億円単位のお金もスタートは5万円、50万円からです（数億円単位以上の資産家の家に生まれた場合は除かれますが）。

5万円はひと月に貯めることができる金額、50万円は1年あれば貯めることのできる金額、そして500万円になると、5年、10年という時間を要することになります。これが「お金は時間との関数」の意味です。

もちろん個人差が大きいのですが、自分ひとりで資産ゼロからスタートした場合、5000万円を得るには人生の大半を費やすことになってしまうでしょう。

一方で、5億円、50億円、500億円を金融資産として持つ人が実際にいます。5000万円レベルなら、目につかないだけでおそらくごくごく近くにいます。億円単位の金融資産を自分一代で築き上げる方は稀で、ほとんどは相続や贈与という形で手にしたものです。自分の時間を使って、自分ひとりで大きなお金を得るのはとても難しいということなのです。

実現可能な「ライトFIRE」

FIRE（Financial Independence, Retire Early：経済的自立と早期引退）というと、「1億円貯めて年率4％で運用してリタイア」というストック型の発想になりがちです。しかし、実際のところ、資産運用収益だけで生活を賄うという方法は、大半の人にとっては時間がかかりすぎることのように思えます。

実現可能なのは、**仕事や生活を見直し、給付金や補助金、リース・シェアなどお金に関する制度や仕組みを存分に活用して、自分にとっての経済的自立と望ましい生き方を手に入れること**です。これを私は「**ライトFIRE**」と名付けています。

ライトFIREを目指すことが、多くの皆さんにとって最善の選択肢ではないかと思います。そのため、本書のタイトルを「お金がなくてもFIREできる」としています。

まずは「自分をよく知る」ことから

ライトFIREを実践する上で具体的に大切なのは、「**自分という人間を見極める**」ことです。まずは、絶対に嫌なこと、避けたいことを知ることから始め、自分に合ったお金を手に入れる方法を見つけ出します。

嫌なことは長続きしません。さらに、それを生涯にわたって続けることなど到底無理な話です。ストレス発散が必要な仕事は時間とお金の無駄を生み、病気や事故というリスクを高めるかもしれません。仕事が面白ければ、面白い時間をより多く過ごすことができます。お金を使わずに。自分にとって面白い仕事は、お金の面から見ると、非常に大切なものです。

次に、「お金の使い方」を知ることも重要です。貯蓄は収入から支出を引いた残額です。貯蓄を増やすには収入を増やすか、支出を少なくするしか方法はありません。**自分が満足できる支出はどの程度なのかを知ることが不可欠。**これは自分で見つけ出していくしかありません。答えは自分で見つけるかつくり出すかです。

投資を始めるにしても、「ある程度、貯蓄ができたからそろそろ投資でも」と考えるのではなく、自分は投資に向いているかどうかを知ることが先決です。**投資を楽しむ、投資をしている時間が楽しいという方以外は、無理をして投資をする必要はありません。**時間、体力、お金を無駄にしかねません。

お金については、もうひとつ大切なことがあります。

それは、**「制度や仕組みを利用することによって、収入を増やし、支出を減らすことができる」**ということです。制度や仕組みを知って活用するだけですから、自分次第です。制度や仕組みは時限措置以外は結構長く続くもので、たとえ小さな額でも長年にわたると、「お金は時間との関数」なのでそれなりの金額になっていきます。情報を手に入れたり申請したりが不得意というなら、親類、知人などに頼るか、専門家を活用しましょう。

本書の大きな流れ

本書は、こうした考えに基づき次の流れになっています。40代、50代の方々を中心に、その前後でＦＩＲＥに興味のあるすべての方に役立てていただければと思います。

第1章　貯め方・使い方を変える！

日々の生活は、本当に小さな部分から成り立っています。その細部を丁寧に見直し、お金とのつき合い方、向き合い方を変えていくことからスタートします。1、2カ月やってみて、新たな貯め方・使い方を身につけることができたかどうか、またチェックしてください。

第2章　増やす！

５００万円前後の金融資産となると投資を考えることになります。もちろん、１００万～２００万円でもいいのですが、万が一を想定した緊急用資金を考えると５００万円前後からでしょう。投資によってお金を増やす方法は多くありますが、自分に合ったものを選ぶほうが良く、また必ず投資しなければならないというわけではありません。まずは、自分が投資に向いているのかどうか、実際に体験することからスタートです。投資をしたくない、向いていない方のための方法論もここで説明しています。

第3章　賢くもらう！

金融資産ゼロからスタートする際に大きな助けになるのが、社会保険をはじめとする社会保障や所得再分配の制度や仕組みです。制度や仕組みなので、まずは知ることから始まり、次にそれらをいかに上手に利活用するのかがポイントです。専門家やすでに活用している人からの情報が有効なため、情報ネットワークや仲間づくりが大切な分野です。税金や社会保険料は「払った分だけ活用する」精神を持つことが大事。私たちが知らないだけで、いざというときに役立つ行政サービスや補助金もたくさんあります。

第4章　受け取り方のひと工夫！

ライトＦＩＲＥを成功させる上で大切なのが、「入ってくるお金で一生暮らしていける」

受け取り方を考えることです。そのためには、ＦＩＲＥ後だけでなく、その先のリタイアも見据えた長期的な家計の収支計画の見通しを持っておきたいところです。

第５章　柔軟に働く！

第１～４章は直接お金に関わることですが、ここではお金に縛られない、自分に合った仕事を探したりつくり上げたりすることを取り上げています。実は、不確実な投資の収入を当てにするよりも、自分に合った天職と思える仕事で働き続けることのほうが人生の幸福度は高まります。また、５年後、10年後をきっちり決めておくのではなく、時々の状況に応じて臨機応変に仕事を変えていくことを通じて、自分に合った仕事を見つけ出すこともできます。

巻末には日々の確認用に「１００項目のポイントリストと反復チェック」を掲載しました。

お金に対する「暗黙知」を反復練習

この本は、「ライトＦＩＲＥ」の考え方、実践術を解説していますが、もうひとつ大きなメッセージをこめています。それは、富裕層と思われる方々が家族や親族、親しい人たちの間で共有している**お金に対する「暗黙知」に気づいてほしい、知ってほしい**ということです。

暗黙知とは、「暗黙」の了解事項です。たとえば、そのひとつにお金のことは人前では決して話さないということがあります。目指そうとしている「お金」を持っている人からまず学ぶべきは、この生活習慣と化している暗黙知です。

こうした暗黙知を持たない場合、意識して学び、**生活習慣として日々の生活の中に無意識のレベルまで落とし込む**必要があります。そのために有効な方法は、何度も繰り返す、定期的に見直しを行いながら身についたかを確認していくことです。

本書で紹介している事柄も暗黙知になるものですから、手元に置いて折りに触れては実践できているかを確認してください。

これは反復習得するしかありません。時間もかかりますが、身につけることができれば、生涯のものとなります。水泳と同じで、小さい頃から親がしつけてくれれば小学校に上がっても体育の授業で苦労することはありません。一方、泳げない子は小学校での努力が求められるわけです。泳げることによって海を怖がることもなく、水深30メートルの世界やヨット乗船など新たな体験をすることもできます。

FIREは次を担う世代への希望

もうひとつ大切なことがあります。

何度も申していますが「お金を増やす、増えるのは時間との関数」だということです。資産をつくり出すには当然、時間がかかります。実は、資産家の家に生まれるということは、その資産をつくり出す時間を祖父母や父母が費やしてくれたということで、祖父母や父母の時間をお金という形で受け取っているのです。生まれたときからFIREを考える必要のない人は、自由気ままに過ごすことができる「時間」をお金という形で受け取っているのです。

FIREの恩恵を最大に受けることができるのは、実は子や孫だということに気づいていただきたいのです。**FIREを目指して生きるということは、実は、次の世代を担う子供たちの未来、新しい未来を生み出すことができる可能性を膨らませているということ**なのです。

自分だけのFIREは、ある意味、切ないものです。目標がレベルダウンしたり、FIREそのものも必要ないと思ってしまうかもしれません。

一方、今の自分と違った人生、その人生を子供に託すことができるとすれば、それは未来を実感すると同時に共有することにもなります。

もちろん、子供たちの人生がどのようなものになるかはわかりません。しかし、少なくとも子供がお金の心配をしない時間を過ごせるということは、自分とは異なった人生を歩んでもらえるということです。そのことをちゃんと子供たちにも伝えておくべきでしょう。

このように考えると、ＦＩＲＥが対象とする人生というスパンは、５年、10年というものではなく、30年、50年、孫や孫の子までなら１００年という単位です。

過去に希望は見出し得ませんが、まだ見ぬ未来へは希望を見出すことができます。

最後に、企画編集の段階からご協力いただいた森田聡子さん、さまざまなアドバイスをいただいた日経ＢＰ　日経ＢＯＯＫＳユニットの酒井圭子さんに深甚なる感謝の意を述べさせていただきます。

２０２２年８月

井戸美枝

本書の使い方

生活上のことは、本から知識として知ることはできます。しかし、知ったからといって、それが生活の中ですぐ役立つわけではありません。忘れてしまえばそれっきりです。

生活の中で役立てるためには、毎日、意識して習慣化することが大切です。それは、起きている時間すべて、極論すれば〝寝ても覚めても〟の意識で集中していただきたいことです。「大変だなあ」と思うかもしれません。しかし、実際、身につけることができれば、ひと財産です。お金そのものではないにしても、お金を増やしてくれる生活上の習慣でもあるわけですから。自動車教習所で免許取得のために運転技術を習うのと同じことです。

まず、本書はいつでも手元に置いておく。そして、時間を見つけては100ある項目のどれでもいいから読んでみましょう。読んだら、各項目の下にあるチェックボックスや巻末資料のリストにチェックを入れます。すべての項目に1回目のチェックが入れば、次は2回目です。これは自分や周囲の人たちに重ね合わせていきます。すでに実施済みや、対応可能な項目には2回目のチェックを入れます。

大切なのは、この2回目のチェックが終わってからです。定期的に、内容の確認と、自分が対応できるかどうかのチェックを入れていきます。これは何回でもしていきましょう。さらに、それぞれの項目の発展形を考えます。たとえば、家計の収支や所有資産についてより詳しく学ぶなど、お金に関する知識の裾野は広大なものです。

お金に関しての本は数多くありますが、目的は本をたくさん読むことではなく、実践し生活の中に落とし込んでいくこと。本書のようなハンディサイズの本1冊でも十分です。

最後に、できればＦＩＲＥを実践する、気兼ねなく相談できる少人数の仲間をつくりましょう。すでに先行している先輩でもいいですし、同時期にスタートした人、これからスタートしようとしている人もＯＫです。

お金がなくてもＦＩＲＥできる　目次

序章 ＦＩＲＥが与えてくれるもの

第1章 貯め方・使い方を変える！

第2章

増やす！

第3章 賢くもらう!

第4章 受け取り方のひと工夫！

第5章 柔軟に働く!

巻末資料

100項目のポイントリストと反復チェック

執筆協力◎森田聡子
校正◎内田翔

序章

FIREが与えてくれるもの

お金という「乗りもの」に乗り移る

ＦＩＲＥを乗りものに喩えてみましょう。

子どもは自分でお金を稼げるようになるまでは、ほとんどの場合、親という「乗りもの」に乗せてもらっています。そして、人生の終わりを迎える高齢者は、年金という共助・公助と自助による貯蓄という「乗りもの」に乗っています。両者の共通点は、自分で運転することなく「乗せてもらっている」ことです。

一方、「お金を稼ぐこと」は自分で「乗りもの」を運転せざるを得ない状態です。たとえば、自動車の運転をするとわかりますが、運転に集中しないと事故を起こす可能性があります。たとえ小さな事故でも日々の生活に影響を与え、大きな事故となると人生を破滅させるかもしれません。運転者である限り運転に集中する必要があり、車外の風景を楽しんだり車内の時間を楽しんだりすることができないのです。

逆に、**乗せてもらっている者は、運転する苦労もなく、流れゆく風景を眺めながら楽しく過ごす**ことができます。人生のすべての瞬間を楽しみたい人にとっては、現役でお金を稼ぐことは苦役かもしれません。

FIREとは、自分で運転せざるを得ない「乗りもの」から離れ、お金という「乗りもの」に乗り移るということです。

2つの課題

ここで2つの課題があります。

1つは**お金という「乗りもの」をいかに確保するか**です。徒歩や自転車では時間がかかり効率が悪く、ロケットになると超高速ですが費用が膨大でリスクも大きくなります。

どのような「乗りもの」を選ぶかは能力や自分を取り巻く環境に影響を受けますが、もっとも大切なのは、FIRE中は、全身全霊をかけて集中していかに効率を上げるかということです。収入を増やすことは大切ですが、多種多様な方法により、結果としてお金を限られた時間で大きく増やす。これが大事になります。もちろん、極力お金を使わないことも有効な選択肢です。

2つ目は、ＦＩＲＥ達成後、つまり**常時「乗りもの」に乗った状態になったときに、何を楽しむのか、何をするのか**ということです。それを考えるのはＦＩＲＥを達成した後でいいと思いがちですが、それでは主客転倒です。

ＦＩＲＥはあくまでも方法論であり、人生の目的そのものではありません。

自由な身になったら、自分が何をしたいのか。

「何もしない」も自由ですし、「なんでも思いつきでやってみて、嫌になったらやめる」でもいい。好きなようにすればいいのです。

しかし、何もしない自由より、もっと楽しめることはたくさんあります。何を楽しむのか、現役である運転中に考えるのも、人生の楽しみかもしれません。

そのためにも、何をすれば、後悔することなく自分の人生を楽しめるのかをよく考えることが大事になります。自分を知るということです。

大切なのはFI（経済的自立）の手法と知識

FIREはFinancial Independence, Retire Early の略です。FIは経済的自立、REは早期引退、2つの考えを連ねたものです。ここまではご存じの方も多いでしょう。

実は、FIとREは関係していますが、**まずはFI（経済的自立）を確立した後の選択肢の1つとしてRE（早期引退）があるという関係です。**

Financial Independence――経済的自立、お金での独り立ち。

私がお金に目覚めたのは23歳のときです。

学校を卒業し正社員として働いたのですが、体を悪くして会社を辞めました。人間関係が辛く、会社で働くことができなかったのです。当時は両親と一緒に暮らしていたので生活に困ることはありません。しかし、「これから先どうしよう」と思い、嫌な人と顔を合わせたり嫌な場所に行くこともなく、**自分の好きなように生きるにはお金はどれくらいあればいいのかを考え始めました。**これが、Financial Independence（経済的自立）への出発点となったわけです。

FIREを手に入れたいと思うなら、まずは自分自身をよく知ることです。

ごく限られた人だと思いますが、会社や組織団体のトップとなることに生きがいを感じ心身共にイキイキと活躍できる人には、ＦＩＲＥは問題にもならないと思います。

ほとんどの人は、若いときに自分自身を正しく捉えることはなかなか難しいものです。私も、自分自身を冷静に客観的に見つめることができるようになったのは最近のことです。

人生まさに紆余曲折、限りなく曲がりくねっています。そのためにも、まずはＦＩ（経済的自立）の実践的な手法と知識を身につけ、いつでもＲＥ（早期引退）できるだけの金銭的な準備をしておくことが重要となってくるのです。

「こんな会社、辞めてやる！」という踏ん切りをつけることができるのは、お金の裏付けがある場合だけ。なければ単なる冒険に終わってしまいます。

経済的自立の「答え」は各人各様

ここで、生涯を通じてお金に困らないための3つの原則をお教えしましょう。それは、

①収入の範囲内で生活をする
②借金はしない
③この2つの原則を一生守り通す

です。

いたって当たり前のことですが、問題は、この原則を実践するのは一人ひとりの人間ということです。

この世に自分という人間は一人だけです。性格や身体的特徴が異なるのと同様に、経済的自立、お金での独り立ちは、人によって「答え」は違っています。兄弟姉妹であっても、同じ「答え」はありません。

ですから、ＦＩは正確にはPersonal Financial Independence（ＰＦＩ）――個々人固有の経済的自立なのです。

自分自身に合ったものは、自分の手でつくり上げるしかありません。そこで、他者の視点や指摘に耳を傾け、自分のことをより深く知り、自分に合った手法をつくり出していく必要があるのです。

お金の知恵も「遺産」になる

「子どもにはお金を残すな、自分のためにお金は使い切れ」と言う方がいらっしゃいます。「はじめに」で少し触れましたが、私は子や孫のために残せるのならできるだけ多くのお金や資産を残そうと思っています。そして、それ以上に大切なことは、子や孫がお金に関する知恵を身につけることだと思っています。**お金の暗黙知**です。

泳げることや車を運転できることと同じで、**お金の知恵を身につけていることは大きなメリット**を持ちます。お金についての暗黙知は、幼い頃からの躾の一部として身につけているのが理想だと私は考えています。

人生では往々にして、条件反射的な対応が必要な瞬間があります。適切な判断と実行が求められる緊急時や非常事態時に、自然と反射的な対応ができることは、何物にも代えがたいほど重要なものです。お金に関する知恵もこれにあたります。

この暗黙知を幼い頃から身につけることができれば、目には見えませんが、これほどの遺産はないと思います。


さらに、ＦＩＲＥを自分一人のものだと限定すると、「まあ、ここまででいいか」と自分自身に妥協してしまう可能性が大きくなります。しかし、将来のある子や孫のためとなると、向き合う心構えから異なってきます。妥協することもほぼなくなるでしょう。

子や孫に限定する必要はありません。あなたが大切と思うすべての人が対象となります。そして、できるならＦＩＲＥに関することを大切な人たちに伝えていただきたいです。ＦＩＲＥは隠してするようなことではないからです。

ＲＥ（早期引退）の例外が「天職」

私は、自分の好きなこと、自分の心と体に合う仕事で、お金を得られる仕事を「天職」と考えています。ほんの少し心身のしんどさがあっても好きだからできる仕事です。天職についている限りは、ＲＥ（早期引退）はありません。死ぬまで仕事をしていればいいだけです。

そこで思い浮かぶのが、平均寿命が30歳ほどといわれる江戸時代に88歳まで第一線で画業活動を続けた葛飾北斎です。彼は生涯現役で最先端を走っていました。

そうはいっても、天職を見つけ出せない、つくり上げられないのがほとんどの人でしょう。まずは、全身全霊をかけてＦＩＲＥに取り組み、その過程の中で天職を得ることができればいいのです。実は、私は現在、天職につけているのかなと感じています。しかし、現在の自分に至るまでには、ＦＩＲＥは不可欠でした。

あなたが望む人生を手に入れるための、ＦＩＲＥの１００の実践術を次の章からご紹介していきます。

第1章

貯め方・使い方を変える！

1 電気・ガス料金高騰は契約見直しのチャンス

Check Check Check

世界的なエネルギー価格上昇の影響を受け、電気料金やガス料金が高止まりしています。

電気料金を例に取ると日本の大手電力10社すべてが引き上げていて、家庭によっては「5倍以上に跳ね上がった」という例もあるようです。

総務省の「家計調査」を見ると、**電気代は水道光熱費の約5割、ガス代は約2割**を占めており、この2つの高騰は家計を直撃します。見方を変えれば、これからライトＦＩＲＥを実現するためには、見直しが欠かせない費目と言えそうです。

電気代を抑えるには、「契約アンペア数」を下げて基本料金を安くする方法があります。また、蛍光灯（シーリングライトや電球）をＬＥＤ照明に替えるのも効果的です。

政府は２０３０年までにすべての照明器具のＬＥＤ化を目指していて、発売当初は割高だったＬＥＤ照明器具も市場が拡大するにつれて価格低下が進み、買いやすくなっています。

パナソニックの「あかりでできる節電シミュレーション」というサイトで白熱の一般電球

タイプ5個と小型電球タイプ5個を、LEDに替えた場合の電力料金の変化を計算したところ、なんと年間で2万円以上も安くなるという結果が出ました。

加えて、近年は電気や都市ガスの「小売り全面自由化」を受け、他業種からの新規参入が相次いで価格競争が激化しており、中には「電気とガス」「電気とネット」といったお得なセットプランを提供する会社もあります。

料金の上昇幅が大きい今は、こうしたプランを活用し、ドラスティックに料金を見直す好機でもあります。

ただ、セット契約が有利に働くかどうかは個々の家庭によって異なるため、「エネチェンジ」や「価格.com」のような比較サイトを使って検討するといいでしょう。エネチェンジでは、月ごとの使用量を記録しておいて入力すれば、**電気代の季節による使用量（料金）の違いを反映したプランの提案**もしてくれます。

POINT／電力のセットプランは自分の家庭に合ったものを探す

2 車や家具などはリースで借りる

Check Check Check

ライトＦＩＲＥの基本となるのが、「モノを持たない生活」です。現在のライフスタイル見直しの一環として、維持費の高い車について考えてみましょう。

地方在住だと車なしでは生活が成り立たないことがありますが、都市部では必ずしも毎日のように車を使わない人が多いのではないでしょうか。後者の場合は保険や車検といった維持費やガソリン代もそれなりに負担になります。駐車場も借りているなら、なおさらです。

今はカーシェアリングサービスに登録すれば、必要なときに必要なだけ車を利用することができます。レンタカーと違うのは、分単位で数百円から借りられ、子どもの送り迎えなどにも手軽に利用できることです。首都圏在住の人なら、自宅近くでカーシェアリングのステーションが容易に見つけられるようになっています。

カーシェアリングの費用は、もっともリーズナブルな車種で15分220円、6時間まで4290円、12時間まで5500円程度（業界最大手のタイムズカーの場合。燃料費・保険込み）。ガソリン代込みでこの料金は魅力です。

週1回程度の利用なら月額2万円程度で収まる可能性が高く、自分で車を所有するよりだいぶ安上がりです。車を手放せば、毎年自動車税を払い、自動車保険に加入する必要もなくなります。カーシェアリングのように**使う分だけ実費で払うスタイルは、調整がしやすく自由度も高い**ことから、ライトＦＩＲＥ後も利用価値大です。

家具や家電のレンタルサービスも増えています。私が注目しているのは、無印良品の家具・インテリア用品の定額制レンタルです。年単位の契約で最長の4年でも販売価格を超えない料金設定になっていて、気に入ったら契約期間終了時に買い取りもできます。配送費は自己負担ですが、買ってから後悔するといった失敗が避けられますし、不要になったときに処分する手間やコストもかかりません。

ライトＦＩＲＥに向け身軽になりかつ転居などもしやすくしておく必要があり、こうしたサービスをうまく活用したいところです。

POINT ／ **車の所有をやめれば自動車税がかからない、自動車保険も要らない**

Check Check Check

3 マイナンバーカードでトクする

ライトFIRE後、身分証明や納税などの手続きに重宝するのがマイナンバーカード。まだ持っていない方は、早めに取得しておくことをお勧めします。

マイナンバーは法律により、社会保障、税、災害対策の3分野で使用されることが定められています。

代表的なものが「年金記録」で、マイナンバーは住民基本台帳ネットワークが土台となっているため、引っ越しで住所が変わったりした場合も速やかに年金情報に反映されます。公的給付を受ける際にも、マイナンバーの提示が必須です。

さらに、マイナンバーカードがあると全国のコンビニエンスストアのマルチコピー機から住民票や印鑑登録証明書などが取得でき、しかも、役所の窓口より交付料金も安くなります。

カードをつくると行政手続きの専用サイト「マイナポータル」が利用でき、国民年金の加入手続きや免除申請、介護保険の要介護・要支援認定の申請、被災時の罹災証明書の発行申請などの行政手続きをスマートフォン（スマホ）やパソコンで済ませられます。

マイナンバーカードの健康保険証利用も今後、徐々に広がってきそうです。高齢になると医療費控除の申告（50項）をする機会が増えますが、健康保険証の登録を行えば、申告の際に前出のマイナポータルを通じて医療費通知情報を自動入力することができるようになり、これまでのように医療費の明細書を作成する手間が省けます。加えて、電子申告（イータックス）を利用すれば、スマホからワンストップで申告が可能です。

気をつけたいのは、マイナンバーカードは申請から交付まで1カ月ほど時間がかかり、**本人が住所地の自治体に出向いて受け取らなければならないこと**です。

これに対し、健康保険証の登録は自治体の窓口に加え、マイナポータルからもできます。さらに、預貯金口座を登録する際も、メガバンクなどでは窓口に加えて専用のアプリを用意しています。結果として両方とも登録自体にそれほど時間はかからず、手続きもさほど煩雑ではないようです。


POINT／健康保険証登録を行えば医療費控除の申告もラクに

4 小銭貯金よりキャッシュレス貯金

Check Check Check

小銭貯金や500円玉貯金と言えば手軽な貯蓄術の王道でしたが、こうした〝**現物貯金**〟**に強い逆風**が吹いています。メガバンクやゆうちょ銀行などに大量の硬貨を持ち込んで入金したり両替したりすると、手数料がかかるようになってしまったからです。

代わりにお勧めしたいのが、自動貯金アプリです。おつり貯金ができるマネーフォワードの「しらたま」や、ウォーキング1000歩で500円といった独自のルールで貯金ができる「finbee（フィンビー）」などユニークなアプリが増えています。このような無料アプリの〝お楽しみ貯金〟は、**気軽に楽しみながら長く続けられるのがポイント**です。一方、あおぞら銀行BANKアプリで積立貯蓄機能「The Savings」を使えば、最大20件まで積立目標を登録でき、1件ごとに積立期間や積立額などを設定することが可能で、利息も付きます。

POINT **自動貯金アプリなら楽しくお金が貯まる**

5 〝ほどよいポイ活〟で地味に稼ぐ

Check Check Check

クレジットカードのポイント還元や、ポイント付帯サービスが充実してきています。効率的にポイントを貯めて買い物や支払いに活用（ポイ活）すれば、**ライトFIRE実現への資金確保**につながります。とはいえ、あれもこれも貯めようとすると管理が面倒になり、特定のお店やサイト、サービスを使わなければという縛りも増えます。人によっては貯めること自体が目標となり、ポイント欲しさに余計なモノまで買ってしまうという話もよく聞きます。

そこで、私がお勧めしたいのが〝ほどよいポイ活〟です。**楽しみながら、あくまで〝おまけ〟の感覚で、貯める**のがいいでしょう。そして、支払いは現金よりもポイントが貯まりやすいキャッシュレス決済を心がけ、ネットショッピングはポイントサイト経由で行います。よく利用するお店やサイトの「ポイント○倍デー」は必ず押さえておきましょう。

POINT **「ポイント○倍デー」に集中して買う**

Check Check Check

6 住居は人とシェアしてコストを下げる

ライトFIREのためにいくら貯めるという目標がなかなか達成できない。そんなときには、**大きな支出を見直す大胆なアプローチ**が必要になります。

たとえば、「シングルで都心の賃貸マンション暮らしをしているけれど毎月の家賃の負担が重い」という方なら、一時的にシェアハウスに入居して家賃を抑えることもできます。

シェアハウスと言うと、20代の若者が暮らす場所という先入観を持っている人もいるかもしれません。

利用者に若年層が多いのは事実ですが、今は女性向けや高齢者向けなど、多様な層に向けたシェアハウスも増えています。物件によってはコワーキングスペースやシアタールームなど便利な共用施設を備えたところもあります。

シェアハウスの魅力は何と言っても、東京23区でも5万円台から住めるという家賃の安さです（管理会社や部屋の形式により異なる）。

また、シェアハウスに入居するとなると専有スペースがぐんと狭くなるため、引っ越し前に余計な家具や荷物などを処分して身軽になっておく必要があり、**「モノを持たない生活」を半強制的に実現できる**というメリットがあります。

シェアハウスの場合、入居時の初期費用（契約金が家賃1カ月程度～）も圧倒的に安くなっています。検索サイトで気になった物件を内覧し、立地や建物の状態、一緒に暮らすシェアメイトなどに特に問題がないのであれば、お試し感覚で住んでみるのもいいでしょう。「ライトFIRE実現までの半年」などと割り切って利用するのもいいですね。

その際に気をつけたいのが、シェアハウスはマンションと違って共用スペースが多く、小規模な物件であればあるほど同居するシェアメイトと密に関わらざるを得なくなることです。

もともと他人との付き合いが苦手な方、長年気ままな1人暮らしを送ってきた方などは、知らない他人と暮らすことに大きなストレスを感じないかどうか、自分の気持ちを確認しておく必要があります。

POINT　住居費カットのために期間限定で利用する手も

7 時間外手数料に気をつけよう

Check Check Check

財布の中の現金が足りないのに、勤務時間中でなかなか銀行のATMまで出向くことができなかった経験はありませんか？　仕方なく退社後にATMでお金を引き出すと、時間外手数料がかかってしまいます。

メガバンクや地方銀行などのATMを利用する場合、通常だと**平日の8時45分～18時以外の時間帯や土日の引き出しには手数料**がかかります（金融機関によって例外もある）。長らく「土日を含めた全時間引き出し手数料無料」を売りにしてきたゆうちょ銀行も、駅やショッピングセンター、ファミリーマートなどに設置された外部ATMについては平日と土曜日の時間外、日曜祝日の引き出しに110円の手数料がかかるようになっています。

ただでさえゼロ金利でほとんど利息が付かないのに、手数料を払ってお金を引き出すのでは何のために預貯金しているのかわかりません。

ケチなわけではなく、これは明らかな無駄遣いです。自分が使っている金融機関のATM

で引き出し無料の時間帯や、月ごとに無料となる振り込み回数くらいは、あらかじめ調べておきたいものです。まだまだ「支払いは現金で」というお店やタクシーなどもあるからです。

さらに、日頃から必要な現金は早めに準備しておけば、手数料のかかる時間帯に慌てて手続きをせずに済みます。何事も余裕が肝心です。

医療機関を受診する場合も、〝時間外〟に注意しましょう。平日でも早朝(6~8時)や夜間(18~22時)などの診察には**時間外診療の点数が加算**されます。これは**調剤薬局も同様**で、平日の8~19時と土曜の8~13時以外の時間帯の利用には時間外加算が上乗せされることになっています。

急な病気やケガ、仕事でどうしても時間が取れない場合を除いて、この時間帯の受診は避けるのが賢明です。

POINT / 振り込みや引き出しの時間、医療機関に行く時間に注意しよう

8 デビットカード、B／43などは変動費に使う

Check Check Check

食費や洗剤・ティッシュペーパー等の消耗品代、友人との食事代等の交際費など「変動費」は、ついつい予算をオーバーしがちです。

こうした変動費の管理に最適なのが、デビットカードやＶｉｓａ加盟店で使えるプリペイドカードの「Ｂ／43（ビーヨンサン）」などです。

Ｂ／43を例に取ると、**あらかじめお金をチャージしておけば、買い物をするごとに専用アプリが自動的に家計簿化**してくれる仕組みです。

入金には銀行振込、ＡＴＭ、コンビニ払い、Ｖｉｓａ、Ｍａｓｔｅｒカード払いが使え、手数料はかかりません。

カードで支払いをすると「いつどこでいくら使ったか」の通知がリアルタイムで届き、月ごとの支出が自動的に集計されていきます。残高も表示されるので、浪費の抑制につながりそうです。

「ペア口座」にすれば、自分だけでなく、**家族がいくら使ったかもスマホで簡単にチェックできます。**

最近は「家計簿男子」が増え、家計簿アプリを使って毎月の収支を管理しているという話をよく聞きます。いくら数字に強く集計好きな方でも、細かい集計作業はそれなりの時間がかかるものですから、忙しいビジネスパーソンには使い勝手のいいサービスと言えるでしょう。

具体的な利用法としては、毎月決められた「予算」の分だけをチャージするようにして、**その金額の範囲でやりくりしていく**ことをお勧めします。月の途中で残金がなくなった場合は、その時点でいったん使うのをやめ、アプリを確認して使い切ってしまった要因を突き止めます。

毎月こうした作業を繰り返していれば、**変動費を一定額で抑える〝勘どころ〟も自ずとわかってくる**はずです。

POINT／**デビットカードの力を借りて時間・手間をかけずに変動費を節約**

9 無駄な出費は「レシート○×方式」で徹底排除

Check Check Check

会社帰りのコンビニエンスストアへの寄り道や、使いもしない家電やアウトドア用品、趣味のコレクションなど衝動買いの習慣は誰にもあるもの。でも、なかなかやめられません。

そこで私がやっているのが、1日の終わりに財布の中身を確認する際の「レシート査定」。その日の買い物のレシートを捨てる前に、1枚1枚を○×で査定するのです。**買わなくても良かったものには×、無駄のない良い買い物には○、判断が難しいものは△**と書き込みます。

×が付くと嫌な気分になるので自然と無駄遣いが減り、食品や酒類を買い過ぎたと思ったら次回は少し減らすといった調整もできるようになります。こうした作業は人任せにせず、自分で手を動かすことでより自覚が強まります。レシートを入れっ放しにしておくと財布も傷みやすくなりますから、お気に入りの財布を長持ちさせるためにも有効な方法です。

POINT **レシートは財布の中にためずに毎日〝査定〟する**

図 1-1 ／ レシート査定で無駄を排除

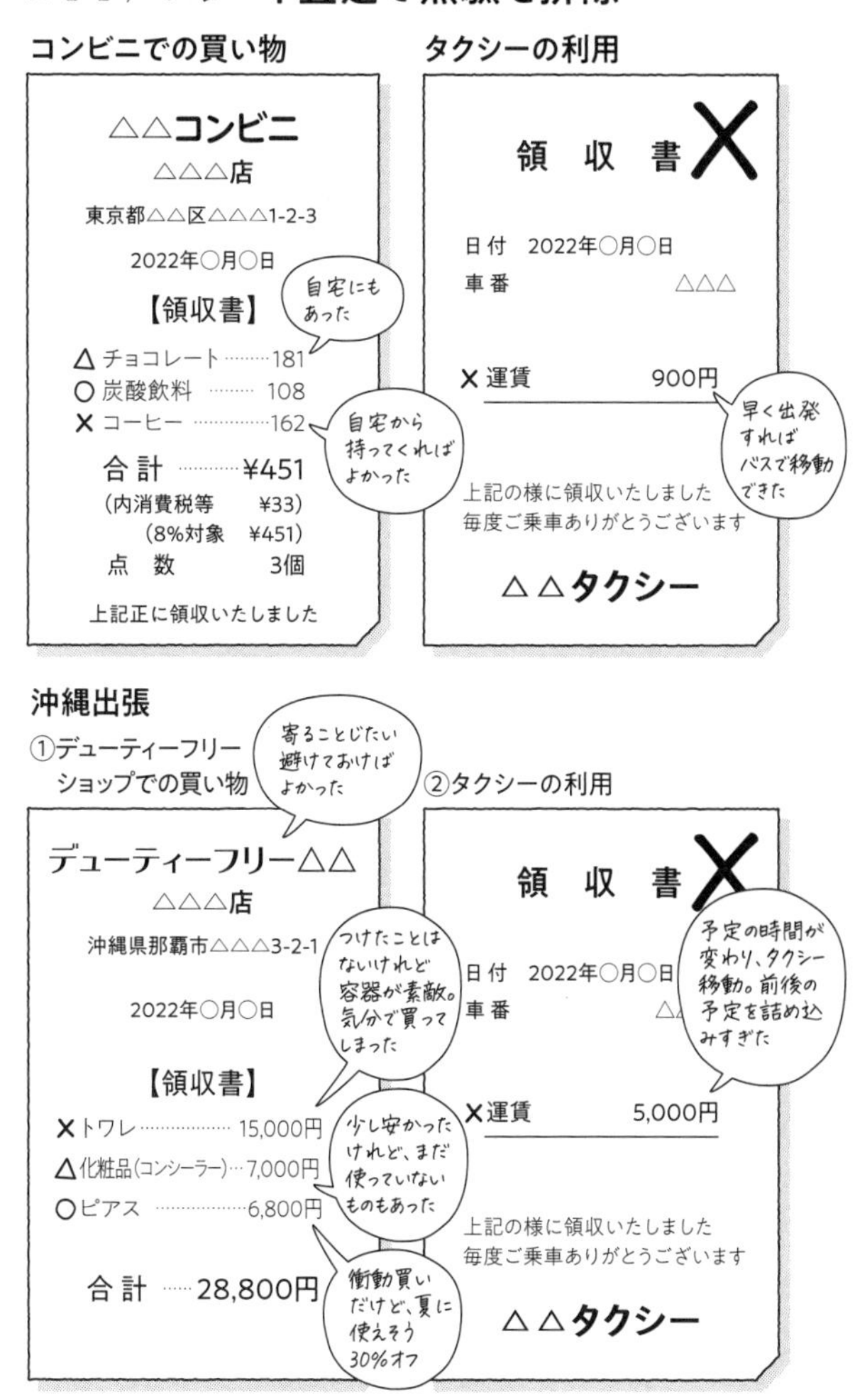

Check Check Check

10 〝本当の手取り〟を知ってお金を管理する

給与振込口座から必要に応じてお金を引き出し、残りを貯蓄に回すというやり方だと、なかなかお金は貯まりません。効率的に貯蓄するには、家計管理の習慣をつけましょう。お金を管理する第一歩として、自分の「手取り＝可処分所得」や支出の状況を把握しておく必要があります。業務の一環として予算管理を行ってきたビジネスパーソンなら、家計管理など「お安い御用」でしょう。

これからご紹介する内容はすでにご存じかもしれませんが、企業研修の講師をしていると、**「手取り収入についてよく理解していなかった」**という方が必ずいらっしゃいます。そこで、ライトＦＩＲＥに向け押さえておきたい知識の1つとして、ここでしっかり〝おさらい〟しておきましょう。

手取り年収は、会社から毎年1月末までに受け取る「源泉徴収票」で確認できます。支払い金額から、①源泉徴収額、②社会保険料、③住民税額の1年分（「給与明細」でわかる）、この3つの数字を引いた額が、あなたの手取り年収ということになります。実際には毎月の給料から組合費や財形貯蓄などの積み立て分も天引きされているかもしれませんが、こうした項目は可処分所得とは関係ありません。ひとまず置いておきましょう。

手取り年収がわかったら、次は支出です。家計簿や預貯金通帳などを参考に、まずは毎月の支出について書き出してみましょう。食費や水道光熱費、交際費などは「**基本生活費**」として一括りにし、他に「**住居費**」「**教育費**」「**保険料**」「**被服費・交際費**」「**その他**」の費目に分類します。概算額がわかればいいので、大きなもれがないようにしてください。月ごとの生活費が把握できたら、それを12倍します。これに、年払いの保険料、冠婚葬祭費、家電や車の買い換え費用などの「**特別費**」を加えた金額が、年間の生活費です。

中には、「自分は忙しいので家計管理は配偶者に任せきり」という方もいらっしゃるでしょう。しかし、右の計算は必ずご自分でなさってください。**こうした作業は、自分で手を動かしてこそ意味があります。**

POINT／**年ベースの「手取り（可処分所得）」と「支出」を把握しよう**

11 貯まる人は収入から先取りして貯蓄する

Check Check Check

手取り年収と年間の生活費が把握できたら、**費目別に手取り年収の何%を使っているかを見える化**します。「損益計算書（P／L）」を参考に、「手取り年収（可処分所得）」を「売上高」に、「支出」を「費用」に見立てたオリジナル家計収支図をつくるとわかりやすいでしょう。よくよく見るとギリギリの家計運営で、貯蓄がほとんどできていない人は要注意です。これを機に、毎月の生活費を細かく見直しましょう。

支出は全体で、手取り年収の75～80％以内に抑えます。ライトFIREを目指すのであれば、目標貯蓄率は最低でも手取り収入の20～25％に設定したいところです。貯蓄分は給料が振り込まれたら真っ先に確保しましょう。その上で、**貯蓄分を引かれた金額で生活することに慣れていく**。これが、貯蓄を長く続けるためのポイントです。

POINT **オリジナル家計収支図で手取りの20～25%貯蓄を目指す**

図 1-2 ／ オリジナル家計収支図で細かく見直し

毎月の収支

手取り収入 月　万円	項目	割合（金額）	
	基本生活費	%（　万）	支出
	住居費	%（　万）	支出
	自分の教育費※	**%（　万）**	支出
	保険料	%（　万）	支出
	被服費・交際費	%（　万）	支出
	その他	%（　万）	支出
	貯蓄	%（　万）	

基本生活費内訳例				
	食費	%	光熱水道費	%
	通信費	%	日用品費	%
	交通費	%	医療費	%

夫婦2人暮らし　理想の支出割合

手取り収入 月50万円 （2人分）	項目	割合（金額）	
	基本生活費	28%（14万）	支出
	住居費	25%（12.5万）	支出
	夫婦の教育費※	**10%（5万）**	支出
	保険料	%（　万）	支出
	被服費・交際費	5%（2.5万）	支出
	その他	10%（5万）	支出
	貯蓄	22%（11万）	

※自分、夫婦の教育費はスキルアップのための費用

12 クレジットカードは一括か2回払いにする

Check Check Check

キャッシュレス化が進む中、「支払いはほとんどがクレジットカードや電子マネー」という人も増えてきています。

クレジットカードで支払いをするなら、手数料のかからない「一括払い」か「2回払い」が基本です。

逆に、**「分割払い」や「リボルビング払い（リボ払い）」は絶対にやめましょう。**

腕時計やオーディオなどの高額商品で「24回払いで手数料無料！」などとうたっていることがありますが、こうした場合はほとんどで「販売価格に手数料が上乗せされている」と考えたほうがいいですね。

一方、カード会社がしきりにキャンペーンをしているリボ払いには、残高に関係なく毎月1万円、2万円といった定額を返済していく「定額方式」と、残高に応じて毎月の返済額が段階的に増減する「残高スライド方式」の2種類があります。

共に月々の返済負担が抑えられて一見お得のように思えますが、毎月の利用残高には年率15％程度の手数料がかかります。

一般的な定額方式の場合、リボ残高が増えても元本返済額は変わりませんが、返済期間が延びることになり、結果として手数料負担が大きくなります。加えて、リボ払い利用者の多くは利用額が返済額を上回った状態となっており、**残高がなかなか減っていかない**のです。

リボ払いは習慣（クセ）になるため、1つの買い物の支払いが終わる前にまた次の買い物をするという借金の連鎖に陥る人が少なくないようです。利用額が自分の支払い能力を超えているという自覚もしにくく、「知らないうちに支出超過の状態が常態化していた」ということにもなりかねません。

キャンペーンに誘導され、うっかりリボ払いの手続きをしてしまわないよう、くれぐれもご注意を。

POINT／**クレジットカードの「リボ払い」は厳禁**

13 借金はなくす、減らす

Check Check Check

私は基本的に、住宅ローン以外にお金を借りるのには反対です。今はスマホ経由で簡単に借金ができますが、これらのローンの約款をよく読めば、ゼロ金利時代とは思えない高い利息を取られていることがわかります。こうしたお手軽な借金が後々重荷になった例は少なくありません。ライトFIREを目指すなら、この手の借金は禁物です。

お金の使い方は一種の習慣（クセ）です。急な冠婚葬祭費用の調達など日常生活で安易に借りていないか考えてみてください。ミヒャエル・エンデの『モモ』という児童書をご存じでしょうか？　物語の中に「時間どろぼう」が出てきて、「時間貯蓄銀行」の行員と称する灰色の男たちによって人々から時間が盗まれ、人々の心から余裕が消えてしまいます。**借金こそ将来の時間と稼得を先食いしていく時間どろぼう**なのです。くれぐれも慎重に。

POINT **お手軽ローンの高金利が後々重荷に**

14 会社員からのFIRE転身で見直したい保険

Check Check Check

会社員なら、ライトFIREをする前に見直しておきたいのが「医療保険」です。

会社員は「健康保険」に加入しています。中でも大手企業勤務だと健康保険組合に加入していて、保険診療であれば、どんなに医療費がかかろうと1カ月ごとの自己負担は2万〜3万円で済んでいたという方も多いです。これは、「高額療養費＋付加給付」という制度。月ごとの医療費の自己負担が一定額を超えるとその分を払い戻してもらえる高額療養費の制度は、FIRE後に加入する「国民健康保険」にもあります。しかし、1カ月の負担上限額は年収500万円の人でせいぜい8万円程度。健康保険組合の付加給付がなくなる分、**FIRE後は会社員時代と比べて医療費の負担が増えてしまう**可能性が高く、その分の保障を民間の医療保険などで補えるようにしておく必要があります。

POINT FIREの前に「医療保障」の増額を！

Check Check Check

15 リスク保険でカバーすべきことは？

会社員の健康保険では、病気やケガで長期にわたり出社できないような状態になった場合、欠勤4日目から通算して最長で1年6カ月分まで、日給の3分の2の「傷病手当金」が支給されます。傷病手当金は非課税なので、手取り給与のざっくり7割程度が保障されると考えていいでしょう。

しかし、**自営業者の国民健康保険に傷病手当金のような制度はありません。**仕事を休むことになっても、健康保険からは何の保障もないのです。ライトＦＩＲＥ後は会社員時代のように有給休暇があるわけでもありませんから、自分が働けない状態になると、家計の収入減に直結します。

病気やケガで無収入になったとき、治療費はある程度医療保険で賄えたとしても、家賃や住宅ローンなどの住居費と子どもの教育費は急に減らすのが難しく、大切な預貯金を取り崩すことになりかねません。

住居費や教育費はある程度固定化されていますから、その分は民間の休業保険でカバーできるようにしておくといいでしょう。

休業保険には、**生命保険会社が扱う「就業不能保険」**と、**損害保険会社が扱う「所得補償保険」**とがあります。いずれも、病気やケガで働けない状態になったときに保険金や給付金が支払われるもので、毎月10万円、15万円という具合に一定額を受け取れるタイプが多いようです。

気をつけたいのは、保険金額は通常、契約前の職業や年収（所得補償保険は契約前12カ月の平均所得）に応じて加入の上限額が設定されていることです。加えて、両者には保険金の受け取り方の違いもあります。実際に働けない状態になった際、**就業不能保険は契約時に設定した金額が受け取れますが**、**所得補償保険の保険金額は受け取る直前の所得に基づいて決定されます**。受け取れる期間も、就業不能保険は「保険期間の範囲内で働けない期間」、所得補償保険は「最長2年間、60歳まで」など保険商品によって異なります。

POINT／**「住居費」と「教育費」は急に減らせない**

Check Check Check

16 「一生モノ」に気をつけろ

「この家具は一生モノです」「このバッグの革は使えば使うほど味わいが出ますから、一生お使いいただけますよ」。そんな言葉につられて高価な買い物をしてしまった経験はないでしょうか？　私は何度もあります。

しかし、この頃ようやく気づきました。「一生モノ」なんて、そもそも存在しないのです。ファッションはもちろん、インテリアにもその時々の流行の色や形がありますし、**年齢を重ねるうちに自分の好みも変わります。**引っ越しや体型の変化で家具や洋服が合わなくなることもあるでしょう。私自身も、最近は重かったり着心地が悪かったりする服や靴は避けるようになりました。結果として、一生モノのつもりで買っても「有期モノ」になってしまう可能性が高いのです。「一生モノ」のセールストークには注意が必要です。

POINT

一生モノのつもりで買っても結局は「有期」に

17 買いたいモノは使い切れるか、いくらで売れるか考える

Check Check Check

うきうきしながら買ったのに、今は物置きや部屋の片隅で眠っている家具や家電、健康器具などはありませんか？　家の中に要らないモノがあると、そのエリアが〝もやもやゾーン〟と化します。**つい置いている空間の広さを家賃換算して憂鬱な気分**になってしまいます。ですから、不要なモノ、使わないモノは人にあげるなどして即刻処分することをお勧めします。

逆に、これから買い物をするのであれば、「本当に使い切れるのか」「使わなくなったときにいくらで売れるのか」を考えることが大切です。

自分の趣味嗜好だけで判断すると、購入時は高額だったとしても非常に安価で処分せざるを得なくなる可能性があります。中古でも人気があり、欲しいという人がたくさんいるようなモノを選んでおけば、不要になったときも気持ちよく手放すことができます。

POINT

要らないモノの〝もやもやゾーン〟をつくらない

18 要らないモノを少しでも高く処分するには？

Check Check Check

コロナ禍で一念発起して自宅の「断捨離」をした方もいらっしゃることでしょう。しかし、喉元過ぎれば何とやらで、せっかくさっぱりした家に、**また少しずつモノが増えてきてはいないでしょうか？**

私も今、「持たない暮らし」を目指してモノを減らそうとしている真っ最中です。

洋服やバッグなど使わないモノはどんどん売っていますが、なかなかこちらが思うような値段では買い取ってもらえません。

唯一「やったあ！」と思ったのは、15〜16年前に20万円弱で購入したロレックスの腕時計が38万5０００円で売れたことくらいです。高級腕時計の中でもロレックスやカルティエなどは、モデルにもよりますが比較的買い取り価格がいいようです。特に手巻きの時計は査定が高くなっています。

これに対し、洋服や食器、1度でも履いた靴などはほとんど売れません。特に、ネームを入れたオーダースーツは、いくら銀座の高級テーラーで仕立てたものであっても買い手が付かないようです。

腕時計や服飾品、ゴルフクラブ、釣り道具、アウトドアグッズなどを売る際は、複数の業者で査定をしてもらいましょう。

大手のリセールショップには、ウェブサイトやLINEなどから査定ができるところもあります。先の38万5000円で売れたロレックスの腕時計も、売ろうと決めて何軒かで査定してもらったところ、**業者によって買い取り価格が1万5000円も違っていた**のには驚きました。

腕時計や財布といったかさばらないモノなら、買い取りの窓口に持参したほうが担当者と交渉がしやすく、より高い値段で引き取ってもらえる公算が大きくなります。

POINT／**複数の業者での査定は必須。持ち込んで価格交渉する手も**

19 自己資本に役立つ分野に集中投資しよう

Check Check Check

1億円の貯蓄があっても将来が不安な人もいれば、貯蓄は少なくても気にしていない人もいます。後者には、たとえば、医療関係や、アナリストなど金融関係の有資格者で、いつでも働けば自分が思うような収入が得られるとか、株式投資をしていて定期的に配当金が振り込まれるなど、何かしら収入を得る術（すべ）を持っている人が多いようです。

今のような先行き不透明な時代だからこそ、**「経済状況や景気動向に左右されず、お金を稼げる力」**は、生きていく上での自信につながります。

企業経営においても、好景気時代には「必要以上に借り入れを恐れていては成長はない」という考え方が支配的でしたが、先の見えない今は「自己資本重視の健全経営」に舵を切る企業が増えています。

ライトＦＩＲＥは、言うなら、自分だけの小さな企業を経営するようなものです。**個人でもしっかりした自己資本を築いておけば、ＦＩＲＥ後の選択の幅が広がり、安心して小さな**

チャレンジを続けることができます。今のうちに、自分の収入を得る手段になりそうな得意分野や、将来性の高い分野のスキルを磨いておきましょう。

会社で法務や税務、総務畑を経験してきた方なら、中小企業診断士、税理士、社会保険労務士などの資格を取得しておけば、ライトＦＩＲＥ後も会社員時代の経験を生かして働きやすくなるでしょう。自己研鑽は何歳からでも遅いことはありません。

ただし、自己資本を高めるには、それなりの時間がかかります。懸命に勉強して前述のような資格試験に合格したとしても、実際にマネタイズするには、誰に対しどんな業務を行うのかマーケティングをしたり、人脈を生かして営業活動を行ったりといった準備期間が必要になります。

ライトＦＩＲＥ後もマイペースで長く働き続けるためには、**長期的な視点でコツコツと自己資本形成に取り組む**ことが大切です。

POINT／**自己研鑽は何歳からでも遅くない**

Check Check Check

20 何でもやってみる。自分に負担のないものがわかる

本章の中で貯め方や使い方のマインドチェンジについてお話ししてきましたが、これらを頭の中で理解しただけでは実効性は望めません。

何であれ、重要なのは行動に移すことです。自分で手を動かすことによって初めて、そのアプローチが「自分の性格」や「ライフスタイル」に合ったものか、心理的・時間的に負担にならないかがわかります。トライして「これはダメだ」と思ったら、後はやらなければいいのです。

一番いけないのは、この手の本を読んで「やらない理由を探す」ことです。**考えるより前に行動しましょう！** 3日経っても何も手をつけていないとしたら、その方法はあなたに合ったものではないのかもしれません。

POINT

一番いけないのは、やらない理由を探すこと

第2章

増やす！

Check Check Check

21 緊急資金は現金と「生活費の1年分」をキープ

近年は台風や集中豪雨などの災害が目に見えて増えており、読者の中にも被災経験のある方がいらっしゃるかもしれません。一方で、**コロナ禍で職を失ったり、収入が大きく減ったりした方**もいることでしょう。

こうした想定外の出来事が起こると、日常生活では当たり前のように行っていたことが突然、いつも通りにできなくなってしまいます。

たとえば、台風で電気や水道が不通になってしまったら、その間は風呂やトイレはもちろん、食事の用意にも不自由します。ましてや家や仕事を失うようなことがあったら、生活を維持すること自体が難しくなります。

当面の生活を支えながら、なるべく早く元の状態に戻るためには、緊急用の資金が必要です。

事態の深刻さにもよりますが、生活を立て直すには必ず一定の期間がかかります。ですから、いざというときに備えて、現金と、生活費の半年分から1年分は預貯金口座にキープしておきたいところです。家族を養う立場であれば、1年分あると安心です。**預貯金なら比較的容易に現金化**できますし、1年分が確保できていれば、環境が変わっても何とかして暮らしていくメドが立てられるでしょう。

ライトＦＩＲＥに備え、**今からこうしたリスクを認識し、対策に着手しておくことは大変重要**です。合わせて、緊急時に利用できる制度（生活福祉資金、税金や社会保険料の支払い延長・減免など）を確認しておきましょう。

ちなみに、私は１９９５年の「阪神・淡路大震災」を経験したことがあり、ちょっと多めに50万円ほどの現金に加え、「2年分」の生活費を預貯金口座に置いています。

換金性を考えれば、やはり預貯金が一番です。債券や投資信託などは即日換金が難しく、手数料もかかることから、いざというときに解約を躊躇する人が少なくないようです。

POINT／1年分の生活費があれば〝想定外〟が起きても生活を立て直せる

22 預貯金だけでなく、〝ほどよい投資〟をする

Check Check Check

日本では、ゼロ金利時代が約四半世紀も続いてきました。そうした中、世間は「ゼロ金利で預貯金だけではお金が増えないから、投資をすべき！」というムードです。

しかし私は、**「人生において投資はマストではない」**と考えています。

株価がジェットコースターのように上下するのを見るのは耐えられないというのなら、ストレスを抱えてまで無理に投資をする必要はありません。

ライトＦＩＲＥを考えていく上でも、**人生に必要なお金を確保する方法はいくつもあります。**

投資よりも好きな仕事で稼ぐほうが性に合っている人もいれば、節約が苦にならない人もいます。

また、社会保険労務士の私から見ても、日本は世界一と言ってもいいほど社会保障が充実した国ですから、セーフティネットとして給付金や補助金を上手に活用することも可能でし

ょう。

投資が苦手な人なら、確定利付きの金融商品でコツコツ運用していくのもアリでしょう。

とはいえ、50代はリタイアまでまだまだ時間があります。

「子どもが就職して経済的な余裕もできたから、その間、ちょっと投資でもしてみようか」と考えるのであれば、いきなり株式投資や不動産投資を始めるのでなく、まずは〝ほどよい投資〟にチャレンジしてはいかがでしょうか?

私が投資のビギナーにお勧めしたい〝ほどよい投資〟は、少額から始められる自動引き落としの積み立て投資です。**あらかじめ指定しておいた投資信託などを毎月一定額分ずつ購入していくのです。**

投資資金は自動的に指定の口座から引き落とされますから、その時々のマーケットの値動きを気にせずに済みます。

POINT **積み立て投資なら相場の動きが気にならない**

23 リスク許容度を知らずに投資はできない

Check Check Check

投資を始めるかどうかを考える際に知っておきたいのが、自分の「リスク許容度」です。投資のリスクの1つが「値動きの大きさ」で、リスク許容度は**「投資で損失が出るとしたら、どの程度まで許容できるか」**を示すものです。一般に、若くて運用期間が長く取れる人、投資資金が豊富な人のほうが高いと言われますが、性格的なこともありますから一概には言えません。図2－1のチェックリストでざっくり診断することができます。

株式相場に〝乱気流〟はつきものです。「値動きの大きさ」は、お金を増やす「チャンス」でもあります。投資をする場合は、10年以上先のことを考えながら、リスクを冷静に見極めていかなければなりません。とはいえ、前項でもお話ししたように、リスクに耐える自信がなければ、無理して投資をする必要はないのです。

POINT **自分のリスク許容度を診断してみよう**

図 2-1 ／「リスク許容度」チェックリスト

Q1 年収の2倍以上の貯蓄がある

- □ A ある
- □ B 年収の半分くらいある
- □ C ない

Q2 老後資金の準備を始めている

- □ A 計画的に進めている
- □ B 始めたばかり
- □ C 着手していない

Q3 金利動向や為替相場に関心がある

- □ A 非常に関心がある
- □ B 少し関心がある
- □ C あまり関心がない

Q4 運用している商品が元本割れしても、解約せずに持ち続ける自信がある

- □ A 自信がある
- □ B そのときの状況によるが少し自信がある
- □ C 自信がない

Q5 金融や経済でわからないことは自分で確認する

- □ A よく確認している
- □ B 時々は確認する
- □ C まったくしない

リスク許容度はAが多いほど高く、Cが多いほど低い
（全国銀行協会ウェブサイトなどを参考に作成）

24 〝ほどよい投資〟成功のための3つの基本

Check Check Check

リスク許容度の項で述べたように、リスクとリターンは表裏一体の関係にあり、投資をする以上、リスクから逃れることはできません。

〝ほどよい投資〟を成功させるためには、リスクをできるだけ少なく抑えるのがコツです。それには、次のような手段が有効です。

まずは**「短期で成果を求めるのではなく、長期的なスタンスで投資する」**ことです。

仮にあなたが65歳での完全リタイアを考えているのだとしたら、50代から投資を始めるとしても、10年以上の時間があります。

株価のチャート（グラフ）をご覧になるとわかりますが、1日単位では大きく上下していても、期間が3年、5年となるとカーブがかなり緩やかになってきます。つまり、長期運用であればリスクが平準化し、安定したリターンを得やすくなるわけです。

さらに**「投資対象や投資の時期を分散する」**ことも大切です。

たとえば、特定の株式の一点買いだと、万一その会社が経営破綻したときに投資したお金が全部消えてしまいます。しかし、別の業種の株式にもいくつか投資していれば、そのうちのどれかが業績好調で株価も値上がりし、マイナス分をカバーできるかもしれません。

同じ株式を買うにしても、何回かに分けて買うこともポイントとなります。投資のビギナーがしがちな失敗として、株価がピークを迎えた頃に買ってしまう〝高値づかみ〟が挙げられます。しかし、購入時期を分散すれば、これを避けることができます。

最後の3つ目が、**自分が購入した銘柄の値動きを気にしすぎない**ことです。市場が暴落した日などは気になって仕事が手につかないという人もいますが、私は、「投資したことを忘れている」くらいがちょうど良い距離感だと思います。

POINT

1に長期投資、2に分散投資、3に投資を忘れる

25 自分年金づくりに個人型確定拠出年金（iDeCo）

Check Check Check

〝ほどよい投資〟には積み立て投資がお勧めと述べましたが、ここからは、積み立て投資をする際に活用したい、お得な制度についてご紹介します。私のイチ押しは、個人型確定拠出年金（iDeCo、イデコ）です。私的年金や老後資金づくりのために投資信託などの金融商品を購入する専用口座で、毎月限度額の範囲内で決まった額を積み立てられます。

イデコの大きなメリットが、①**積み立てた掛け金は全額所得控除の対象**になり、その分、所得税や住民税の負担が軽減されることです。それに加えて、②**運用期間中に生じた利益も課税されません**（通常の金融商品は所得税と復興特別所得税、住民税を合わせて20・315%課税）。さらに、原則60歳まで換金はできませんが、③**受け取る際にも税金が優遇**されるので、トリプルでお得です。

イデコは国民年金や厚生年金の加入者を対象とした制度で、公的年金の被保険者の種別（第1～3号被保険者）によって掛け金の限度額が異なります。たとえば、企業年金の制度がない会社の社員であれば、年間27万6000円（月額2万3000円）が上限です。
積み立てたお金は、定期預金、保険、投資信託などのラインアップの中から、自分が指定したもので運用されます。

運用銘柄や配分の変更が原則無料でできるので実は使い勝手が良く、「自分年金」をつくるならイデコがベストです。

イデコならライトFIREの後も積み立てを継続できますし、会社で企業型確定拠出年金（DC）に加入している人は退職後にその資産をイデコに移すことも可能です（会社でDCに加入している会社員も、2022年10月からイデコに加入できるようになる）。

中には、**「イデコは若い人がやるものじゃないの？　50代からでは遅すぎるのでは？」と考える会社員もいるでしょうが、そんなことはありません。**最長65歳まで積み立てることができますし、受け取り開始まで非課税で運用できます。上限年齢は75歳です。50代で収入のピークを迎える会社員も多いことから、掛け金全額所得控除のメリットも侮れません。

POINT／**積み立て時・運用時・受け取り時に節税効果あり**

26 つみたてNISAは使い勝手がいい

Check Check Check

積み立て投資をする際に検討したい、もう1つのお得な制度が「つみたてＮＩＳＡ（少額投資非課税制度、つみたてニーサ）」です。そもそもニーサには一般ニーサとつみたてニーサがあり、どちらか一方を選んで利用する仕組みです。一般ニーサは含み益への非課税期間が5年間となっているのに対し、つみたてニーサは**年間最大40万円を最長20年間、利益への課税（20・315％）なしで積み立てる**ことができます。

つみたてニーサは**加入年齢に上限がない**ので、いつからでも始めることができます（積み立てを開始できるのは２０４２年まで。その後は未定）。60歳の定年までカウントダウンとなり、「今さらイデコに加入しても短期間しか積み立てができない」という人には、こちらがお勧めです。ただし、イデコと違って、積み立て時や受け取り時の税制優遇はありません。半面、換金についてはイデコのような「途中解約不可」といった縛りがなく、いつでも引き出せます。

つみたてニーサの場合、積み立て金を運用する商品は、積み立てに向くであろう基準を満たした200本強に限定されますが、投資ビギナーが使いやすい低コストの投資信託が充実しています。**これくらい本数が絞られていたほうが選びやすい**と思っています。

もう1つ、ニーサ口座の難点として、証券会社で特定口座を利用している人の場合、特定口座との損益通算（課税対象となる利益を他の口座の損失と相殺して減らすこと）ができないことが挙げられますが、つみたてニーサの場合は積み立てるだけで売買をするわけではありませんから、特に問題はないでしょう。

つみたてニーサは個人型確定拠出年金（iDeCo、イデコ）と併用することも可能です。前項で「『自分年金』をつくるならイデコがベスト」としましたが、イデコの拠出枠（掛け金の上限額）だけでは目標額達成はおぼつかないという場合は、つみたてニーサとの〝ダブル投資〟で積み立てていくといいですね。

POINT／イデコとの〝ダブル投資〟が可能

27 投資信託はインデックス型か、アクティブ型か

Check Check Check

個人型確定拠出年金（iDeCo、イデコ）やつみたてNISA（少額投資非課税制度、つみたてニーサ）の主役となるのが投資信託です。

投資信託とは、個人や法人など多くの投資家から集めた資金（ファンド）を運用会社が運用し、その成果を投資家に還元する金融商品を指します。

ただ、ひと口に投資信託といっても運用対象は国内外の株式、国内外の債券、金融派生商品、不動産など多岐にわたっており、イデコの場合は運営管理機関ごとに取り扱う銘柄も異なります。

投資信託は、**運用方法によって大きく2つに分類**できます。

1つは、「MSCIオール・カントリー・ワールド・インデックス（日本を含む先進国23カ国と新興国27カ国の株価動向を示す）」や「TOPIX（東証株価指数）」などの指数に連動することを目指す「インデックス型」です。

もう1つが、運用担当者（ファンドマネジャー）が組み入れ銘柄や売買のタイミングを決め、市場平均を上回るリターンを目指す「アクティブ型」です。

値動きがわかりやすいのは、代表的な指数に近い動きをするインデックス型です。インデックス型は運用にかかるコストも相対的に低く、一般に、アクティブ型より手数料も安く抑えられています。

これに対し、アクティブ型の強みはファンドマネジャーの手腕次第で、インデックス型を大きく上回るリターンを狙えることです。

投資ビギナーなら、まずはわかりやすいインデックス型から始めてみるのがいいでしょう。

私がお勧めしたいのは、世界全体の株価指数に連動するインデックス型の投資信託です。どんな資産やどんな銘柄がいつ値上がりするかを予測するのは不可能ですが、国際分散投資（29項）をしておけば、世界経済の成長の波に乗ることができるからです。

POINT／**世界全体の株価指数に連動する投資信託で経済成長の波に乗る**

28 増やすための投資信託の選び方

Check Check Check

投資信託でお金を増やすことを考えるのであれば、**「コスト」を意識することが大切です。**

投資信託にかかるコストとしては、①購入時の販売手数料、②保有時の信託報酬（運営管理手数料）、③売却時の信託財産留保額が挙げられます。

このうち①の販売手数料がかからない投資信託を「ノーロード」と言い、つみたてNISA（少額投資非課税制度、つみたてニーサ）の対象商品はノーロード、個人型確定拠出年金（iDeCo、イデコ）の投資信託もノーロードの比率が高くなっています。

それならノーロードの投資信託を選べばいいのかと言えば、そうとも限りません。**長期にわたる積み立てで気をつけたいコストは、むしろ②の信託報酬**です。信託報酬はその投資信託を保有している限りずっと払い続けなければならない手数料で（実際には信託財産から毎日差し引かれています）、その分、利益が減ってしまうことになります。

相場環境が悪くて利益が出ていなければ、信託報酬の分だけマイナスになってしまうこともあります。そうなると、「運用しないほうが良かった」ということにもなりかねません。

前項でもご説明したように、インデックス型は全般にアクティブ型に比べて信託報酬が安く抑えられています。

アクティブ型の投資信託では、同じ運用対象のものでもファンドマネジャーの手腕によってリターンが大きく異なる場合があります。しかし、インデックス型は運用対象や分散投資の比率が同じなら、期待リターンもほぼ同じです。ならば、信託報酬は安いほうがいいでしょう。さらに、**純資産残高が50億円以上あれば安心**です。資産規模の小さい投資信託は運用会社が運用を中止してしまうこと（繰り上げ償還）があり、その判断基準が30億口（1口＝1円の投資信託は30億円）程度となっているためです。

インデックス型を利用するのなら、モーニングスターなどの投資信託比較サイトで運用対象が同じ投資信託の信託報酬率を比較してみましょう。信託報酬が高いものと安いものでは2倍以上の開きがあることもあり、注意が必要です。

POINT／**インデックス型で同じ運用対象なら、信託報酬が安いものを**

29 個人の資産も円安&インフレ対策が必要

Check Check Check

21世紀に入ってから、経済や金融の世界もボーダレス化が一気に進んできました。もともと日本は国内消費の大きな国ですが、個人の生活もグローバル経済の影響を受けます。近年のガソリン価格や穀物価格などの高騰が、「家計に響いた」と感じている方も少なくないのではないでしょうか。

資産運用においても同じことが言えます。

円資産オンリーでは、輸入物価の上昇についていけなくなる可能性があります。加えて、ライトFIREした後の経済動向を考えると、**インフレになっても、デフレになっても大丈夫なように備えておく**必要があります。

これらの懸念への対策として挙げられるのが「国際分散投資」です。日本と海外、先進国と新興国、株式と債券といった具合に、複数の地域や投資対象に資産を均等に分散させリスクヘッジをする投資手法のことです。

と言っても、国内ならともかく海外の企業を調べて個別に投資するには時間も知識もお金も必要です。

代わりにお勧めしたいのが、世界全体の株価指数に連動するインデックス型投資信託や、債券・不動産など株式以外の資産も含めたバランス型投資信託（資産の組み入れ比率は地域ごとの国内総生産〈ＧＤＰ〉比率ではなく時価総額を元に決定するもの。ＧＤＰの規模で決めると、新興国への投資配分比率が高くなるため）です。

こうした投資信託であれば1本だけで国際分散投資が可能です。世界の資産をすべてパッケージにして持つことになるので、円資産の目減りの抑制にもつながります。

結果として、為替や株式市場の環境が変わったからといって慌てて売却する必要はありません。

のんびり構えて投資ができる、忙しいビジネスパーソンにぴったりな投資方法と言えるでしょう。

POINT／世界株式型やバランス型の投資信託なら「これ1本」でOK

Check Check Check

30 非課税口座の活用で〝利益格差〟が発生！

企業型確定拠出年金（ＤＣ）や個人型確定拠出年金（ｉＤｅＣｏ、イデコ）では、「将来の年金が目減りするのは嫌だ」と低金利の定期預金で運用している人がいます。しかし、これでは「リターンに課税されない」メリットが生かされません。一方で、同じ人が証券口座で株式や投資信託を売買していたら、こちらはしっかり税金がかかります。

資産全体を見たとき、課税口座と非課税口座でそれぞれどんな金融商品を買っているかによって、実質リターンが大きく変わってきます。投資をするなら「非課税口座で投資＋課税口座で預金」にしましょう。**「課税口座で投資＋非課税口座で預金」の組み合わせは絶対ＮＧ。**運用期間が長期にわたると、両者の〝利益格差〟は雪だるま式に拡大します（図２－２）。ＦＩＲＥに向け、こうした取りこぼしのないよう資産配分を確認しておきましょう。

POINT **投資するなら非課税口座からが鉄則**

図 2-2 ／ **課税口座と非課税口座では利益に差が！**

運用益が10万円だった場合

課税口座で運用			非課税口座で運用		
	運用益 10万円	運用益 7万9,685円		運用益 10万円	運用益 10万円
運用元本	運用元本	運用元本	運用元本	運用元本	運用元本

毎月1万円を運用利率3%　30年で運用
1年複利

元金360万円が

20.315%の税金がかかると
525万5,366円

企業型DCで非課税だと
580万1,804円

Check Check Check

31 普通預金の金利差は100倍!

昭和の高金利時代を経験した方は、「ゼロ金利の今はどこに預けても同じ」とお考えではないでしょうか?　それは誤解です。

誰もが利用する普通預金口座を例に取ると、ネット銀行の中には、金利がメガバンクの実に100倍以上というところもあります。さらに、銀行によっては他のサービスとの併用で金利がさらに優遇されたり、他行宛ての振り込み手数料が月何回かまで無料になったり、系列の証券会社の証券口座と連動していたりと、使い勝手のいい特典が付いています。こうしたネット銀行は、定期預金の金利もメガバンクよりはるかにお得です。具体的な金利については価格.comなどの比較サイトで確認してみてください。

お金を増やすことを考えるなら、まず普通預金口座から見直しましょう。

POINT　**ネット銀行の口座には金利だけでなくお得な特典が**

32 銀行の〝セットプラン〟は選ぶべからず

Check Check Check

ランチタイムのセットメニューはお得感がありますが、金融商品の場合は「セットがお得」とは限りません。特に気をつけたいのが、メガバンクや地方銀行などが扱う預金と投資信託のセットプランです。チラシを見ると「預金金利が4％」などと書いてあり一見お得と思えるかもしれません。しかし、これは**セットの投資信託を買わせるための囮(おとり)のようなもの**。小さな活字の注意書きをよく読めば、預金に4％の金利が適用されるのは3カ月ほどで、それ以降は通常のスーパー定期の金利に変わることがわかります。一方でセットの投資信託は価格変動商品ですから、預けたお金が大きく減ってしまう可能性もないとは言えません。

ライトFIREに向けて元手を増やす時期に、大事なお金をこうしたリスクの高いセットプランに注ぎ込むのはやめておきましょう。

POINT **セットの投資信託で元本割れの可能性あり**

33 投資をしたくない人には個人向け国債がお勧め

Check Check Check

日本ではゼロ金利が長期化し、安全確実な資産運用がしにくくなっています。

そうは言っても、「投資はしたくない」という方もいらっしゃいますね。

この章でも繰り返しお話ししていますが、私は、投資が苦手な方には「無理して投資する必要はありませんよ」とアドバイスしています。**本当の意味でのライトFIREを実現するためには、あえてストレスを感じるような資産運用を行う必要はない**と考えるからです。

それでは、投資をしたくない人はどんな資産運用をすればいいのでしょうか。

金利状況などによっても変わってきますが、当面は「個人向け国債（変動利付）」での運用がお勧めです。

国債は皆さんがご存じかと思いますが、種類はいろいろあり、大きく「固定利付」、「変動利付」、そして額面価格を下回る価格で売り出され満期には額面価格で償還される「割引債」に分類されます。

国債の中でも個人の保有を前提に発行されているのが個人向け国債で、1万円から購入できます。個人向け国債にも固定利付と変動利付があります。

お勧めの変動利付タイプは10年と期間が長いですが、発行後1年以上経つと中途換金できます。**最低金利（0.05％）が保証されており、購入後に金利が上昇したらそれに合わせて利率も上がる**ため、預け替えをする必要がありません。ボーナスシーズンなどに金融機関が実施するキャンペーン期間に合わせて購入すれば、現金プレゼントなどの特典も受けられます。

ネット銀行の利用者なら、**金利のいいネット定期を利用**するのもいいでしょう。ネット定期も頻繁にキャンペーンが行われています。

逆に**避けたいのは保険商品**です。保険は今後もあまり利息に期待できません。にもかかわらず、契約は長期で途中解約は損になります。ライトＦＩＲＥを視野に入れつつ、流動性があり、自分の意思で自由に動かせる金融商品を選んでおきましょう。

POINT／**金融機関のキャンペーンに合わせて購入するとお得**

34 退職金で一獲千金を狙ってはいけない

Check Check Check

仮に50代でライトＦＩＲＥを考えるとしたら、その先に待つ「完全リタイア後」も見越した生活設計が必要になります。

完全リタイア後も「入って来る年金収入」だけで暮らしていけるのであれば、それが一番です。とはいえ、親の介護や思わぬ病気、家の改築などで突発的な支出が発生する可能性もあります。そうした支出に備え、一定額の貯蓄をキープしておかなければなりません。

定年まで数年を残して会社を辞めるにしても、50代ならある程度の額の退職金が支給される方も多いでしょう。退職金は将来の突発的な支出に備え、できるだけ減らさないように持っておきたいものです。

こうした理由から、**退職金で慣れない投資を始めるのは絶対反対**です。

よく、「退職金で株デビュー」といった話を聞きます。まとまったお金が手に入るとつい気が大きくなり、普段なら躊躇するリスクの高い投資を始める人がいるのです。しかし、株式投資はゼロサムゲームです。経験豊富な投資家でも難しいものですから、初心者が勝ち続けるのは奇跡に近いでしょう。

退職金が入金された頃には、お付き合いのある金融機関からのアプローチも増えるでしょう。ただ、営業員の話に乗って、32項のセットプランなどを購入するのは避けたいものです。**退職金は、1年程度は普通預金や定期預金に置いておき、その間に落ち着いてどう使うのか、どう預けるのかを考えましょう。**

1年も経てば、金融機関の営業も来なくなります。その上で一部を個人向け国債（変動利付）に預けるのもいいでしょう。

「インフレも心配だし少しでも投資したい」と考えるなら、一度にまとまった額を投入するのではなく、つみたてNISA（少額投資非課税制度、つみたてニーサ）を使って投資信託を（非課税枠に収まる）毎月3万円くらいずつ積み立てていくのがお勧めです。

POINT／**退職金は減らさずに持っておくのが大事**

35 年金は受給を繰り下げて金額を増やそう

Check Check Check

金利状況が今とあまり変わらないのであれば、**65歳以降で一番確実かつ有利な〝資産増額法〟は、公的年金の受給開始時期を繰り下げることです。**

繰り下げの効果は絶大です。最長で75歳まで1カ月単位で繰り下げることが可能ですが、月ごとに年金額が0・7％加算され、増えた金額が生涯続きます。**年率に換算すると8・4％。**今どき、**これほど有利な〝長生き保険〟はない**でしょう。今後FIREに踏み切って65歳になったときに当面の生活に必要な資金を確保する手段があるのなら、年金を受け取る年齢を先延ばしして年金額を増やすことを考えてもいいでしょう。

繰り下げ受給のメリットは、老後の生活費が賄えるようになること。よって、増額効果だけで損得を決めてはいけません。65歳から何歳まで生きるかは人それぞれ。老齢年金は〝長生き保険〟ですから、長生きしても生活費に困らないよう増やしておくのが主眼です。繰り下げによる増額で、年金の目減り分をカバーすることもできます。

そうは言っても、寿命による損得は気になりますね。たとえば、70歳まで繰り下げる場合は82歳以上、75歳までの繰り下げだと87歳以上生きることができれば、65歳受給開始よりも受け取り総額の面ではお得になります。さらに、70歳までと75歳までの繰り下げを比較すると、91歳10カ月以上生きた場合は、75歳まで繰り下げたほうが受け取り総額は多くなります。ただし、実際のところは、平均余命（男性約81歳、女性約88歳）まで生きた場合、60歳から減額された年金を長期間受け取るのと、70歳くらいから増額された年金を受け取るのと、受け取り総額では大して変わりません。

これから65歳を迎える世代の多くは、90歳近くまで生きると予想されます。長寿の家系や自身の健康状態なども考慮する必要がありますが、大事なのはひとたび65歳になっても慌てて年金を請求しないこと。**完全リタイア後の生活費などを考えながら、受給開始年齢を決める**のが良いでしょう。とはいえ、65歳になって手元資金が不如意なのに無理して繰り下げ受給をするのは本末転倒です。

POINT／**90歳まで生きるとしたら70歳受給開始がお得に**

36 2年で元が取れる！「付加年金」を利用すべし

Check Check Check

ライトFIREして国民年金に加入した後に利用したいお得な制度が「付加年金」です。

国民年金保険料にプラスする形で毎月400円の付加年金保険料を納めると、**将来の老齢基礎年金に「200円×付加年金保険料を納めた月数」の金額が加算**されます。たとえば、55歳で会社を辞めた人が、60歳までの5年間で2万4000円（400円×60カ月）を納めたとしましょう。その人が65歳から受け取れる老齢基礎年金には、1年につき1万2000円（200円×60カ月）の付加年金が上乗せされます。**2年間年金を受給すれば元が取れるわけで、その後は〝利息〟が入ってくる**形です。

付加年金額は経済情勢等の影響で減額されることがありません。一方、繰り下げ受給で増やすこともできます。金額は少ないですが、きわめて効率的な資産増額法と言えそうです。

POINT **会社員時代は使えないお得な年金増額法**

図 2-3 ／「付加年金」を上手に活用

付加保険料
月額400円

付加年金
年額200円×納付月数

5年間加入すると

納付額
400円×60カ月＝
2万4,000円

将来の付加年金額
200円×60カ月＝
1万2,000円

2年受給すれば元が取れる!

37 高利回り外債にはデフォルトリスクあり

Check Check Check

リスクが苦手な方が好むのが債券投資です。「債券のほうが株式より安全」と考えている人も多いようです。一般論として債券のほうが株式よりも値動きの幅は小さいと言えますが、**債券も発行者の破綻などにより利払いや元本の支払いが停止されることがあります。**これがデフォルト（債務不履行）です。ロシア国債のデフォルトは記憶に新しいところです。

５％などという高利回りで取引されるのは、それくらいの利回りを付けないとお金が集まらない、つまりデフォルトリスクの高い債券だからです。外債投資は為替の影響も受けます。最近は、債券にスワップやオプションなどのデリバティブ（金融派生商品）を組み込んだ「仕組み債」をめぐるトラブルも増えています。これらの債券は、**ライトＦＩＲＥ資金の投資先としては避けるべきでしょう。**

POINT
お金が集まらないから高利回りになっている

Check Check Check

38 孫のために「学資保険」は不要

子どもが生まれたとき、祖父母に当たる自分の親から学資保険を勧められて加入し、子どもの進学の際に大変役立った。そんな経験をお持ちの方は多いです。しかし、自分がお祖父ちゃんになったら子どもにも学資保険を勧めてあげようと考えているとしたら、やめておきましょう。30年前の学資保険では保険料総額150万円に対し、200万円の保険金が受け取れました。しかし今は、保険金が支払った保険料の総額より低い〝元本割れ〟の状態が続いています。契約者の親に万一のことがあると、その後の保険料の支払いは不要になりますが、親が自分の死亡保障を確保しているなら、こうした保障自体が不要です。

学資保険は契約期間が長期にわたります。この先経済がどう変わっていくかわからない中、使い勝手の良くない保険と長く付き合うのはリスキーです。

POINT 保険金が払った保険料総額より低い〝元本割れ〟状態

39 「貯蓄保険」はもはや存在しない

Check Check Check

読者の皆さんの中には、保険での成功体験をお持ちの方もいらっしゃるでしょう。保険の利回りを表す予定利率は、昔は約3~5%以上ありました。貯蓄性の高い養老保険や終身保険、個人年金保険などに加入することで、「保障」と「貯蓄」の一石二鳥が可能だったのです。

特にバブル世代の方が1980年代から1990年代前半にかけて加入した貯蓄性保険の予定利率は5%を超えており、「お宝保険」と呼ばれています。

今もこの時期の保険に入っている幸運な方は、迂闊に見直しや解約をしてしまうとぐんと不利な内容になってしまいますから、くれぐれもご注意を。お宝保険を大切になさってください。

翻ってゼロ金利の今を見ると、当然ながらそのようなお宝保険は存在しません。

そもそも保険はビジネスです。

保険会社は加入者が支払った保険料を運用しながら保険金の支払いに備えるわけですが、保険料全額が運用に回るのではありません。保険料に占める経費の割合のことを「予定事業費率」と言います。同じような保障内容でも保険会社によって保険料が違うのは、主にこの予定事業費率が影響しています。保険会社の従業員の人件費や広告宣伝費など経費も含まれています。

貯蓄性を求めるならダイレクトに個人向け国債（変動利付）などで運用するほうがこうした〝中抜き〟が少ないですし、今の時代はそもそも、保障と貯蓄とを分けて考えたいところです。

気をつけたいのは、このような時代に保障と貯蓄の一石二鳥をうたった外貨建て保険や変額保険です。

高利回りを得られるのは「運用がうまくいった」ときだけで、逆に損をするリスクも高いことを肝に銘じておきましょう。

POINT／**保障は保険、貯蓄は貯蓄商品と分けて考えよ**

40 使っていないモノを貸して収入を得る

Check Check Check

第2章では主として、運用や投資という形でお金に働いてもらい資産を増やす方法について述べてきました。章の最後となる本項では発想を変え、主語を「お金」ではなく「使っていないモノ」に置き換えて考えてみましょう。

通勤などの都合でマイカーが手放せない人であれば、使わない日に時間貸しして現金収入を得ることもできます。仲介サイトに登録し、マッチングが成立すればレンタル料の一部をサイトに納める仕組みです。自宅の空き部屋を登録して時間貸ししてくれるサイトもあります。首都圏で駅の近くだと、パーティや打ち合わせ、撮影などそれなりに需要があるようです。車や部屋ほどの売り上げは立ちませんが、礼服やタキシード、和服、ブランドバッグなどを〝ちょい貸し〟して地味に稼いでいる人もいます。

POINT 登録だけですぐできるマイカーや空き部屋の時間貸し

第3章

賢くもらう！

41 すべての人が対象の税金や社会保険料をよく知ろう

Check Check Check

会社員は、毎月の給料やボーナスから税金や社会保険料を支払っています。扶養する家族の数などによって異なりますが、年収500万円の会社員だと、手取り収入は390万円程度。年収800万円なら590万円程度です。

年収500万円の人は年間で100万円以上、800万円の人なら実に200万円以上の税金・社会保険料を負担しているわけです。

会社員は〝給与天引き〟のため、あまり実感がないかもしれません。

しかし、毎年この金額を納めているわけですから、税金や社会保険がそれぞれ何に使われているのか、何をどれくらい保障してくれるのかをしっかり確認しておきましょう。

一例ですが、高齢者が受け取る国民年金（老齢基礎年金）の半分は税金で賄われています。私たちが知らないだけで、いざというときに役立つ行政サービスや補助金もたくさんあります。この章では、そうした補助金やサービスを多数ご紹介していきます。

会社員なら「あなたは、これこれこういう制度が使えますよ」と会社が教えてくれるかもしれません。

たとえば、あなた自身や扶養している家族が病気で長期入院を強いられたら、会社の健康保険組合が高額療養費（43項）の手続きを代行し、納めすぎた医療費の払戻金をあなたの口座に振り込んでくれます。

しかし、会社を辞めた後はそうはいきません。手続きはすべて自分でやらなければなりません。

そもそも、**お得な行政サービスや補助金の存在を知らなかったら、申請もしないので、もらい損ねてしまう可能性が大です。**積極的に情報収集し、条件に該当するか否かを確認することが大切です。

POINT／**「情報収集」と「利用の仕方」が鍵**

42 「公的保険」の給付はしっかり受け取る

Check Check Check

保険は、国が行う「公的保険」と、保険会社が運営する「民間保険」とに大別されます。

公的保険には、医療保険（健康保険）や介護保険、公的年金保険、会社員などが加入している雇用保険や労災保険があります。

公的保険は社会全体の「助け合い制度」ですから、本人の希望するしないにかかわらず、強制加入です。半面、保険料が払えなくても〝仲間外れ〟にされることはありません。

失業したり、収入が大きく減ったりして保険料の支払いが厳しい場合は、保険料の免除・軽減の仕組みがあります。困ったときはこれが受けられます。

ただし、支払い免除を受けるにしても、給付を受けるにしても、申請が必要です。条件を満たしているのに申請せず保険料を滞納してしまうと、給付が受けられなくなってしまうので注意が必要です。行政の窓口で相談しましょう。

さて、公的保険が助け合い制度であるのに対し、民間保険はビジネスです。

したがって、**保険料が払えなければ契約は終了**されてしまいます（終身保険や個人年金保険などの貯蓄性保険だと、保険料の支払いをストップして、それまで支払った保険料に応じた保障が受けられる「払い済み保険」にするなどの方法もあります）。

また、民間保険の場合、希望すれば無条件で加入できるわけでなく、多くの保険では申し込みの際に審査を受けます。そして、健康状況などによっては加入が認められないこともあります。

公的保険と民間保険は、死亡保障や医療保障、介護保障など、保障分野が重複していることが少なくありません。

まずは公的保険を確認・活用し、公的保険で賄えない分だけ民間保険に加入するようにしましょう。

POINT／**公的保険を優先し、足りない分だけ民間保険を**

43 保険診療なら医療費の自己負担には上限がある

Check Check Check

保険診療であれば、月ごとの医療費の自己負担には上限があります。「高額療養費」という制度により、暦月1カ月を通した保険診療の医療費の自己負担が一定額を超えたら、健康保険からその分を払い戻す仕組みです。自己負担の上限額は所得によって段階的に高くなり、たとえば所得500万円だと約8万円、800万円だと約17万円（70歳未満）になります。

大企業の健康保険組合では高額療養費に付加給付が上乗せされ、加入者の収入を問わず一律月額2万~3万円というところもあります。健康保険組合加入の会社員なら会社が手続きしてくれますが、退職してフリーランスになり国民健康保険の場合は、自分で行います。忘れずに申請しましょう。また、**医療費が高額になりそうな場合は「限度額適用認定証」**を取得しておくと、医療機関の窓口での支払いが自己負担限度額の範囲内で済みます。

POINT **自己負担の限度額は所得や年齢によって異なる**

44 ライトFIREしたら使いたい自治体の健診助成

会社員時代は、毎年健康診断を受けますよね。ライトFIREで退職して国民健康保険に加入した後は、自治体の特定健康診査（メタボ健診）が受診できます。費用は自治体によりますが、無料のところもあれば1000～2000円程度の料金がかかるところもあります。近年は受診拡大のために、**受診者にプレゼントや特典を用意する自治体**が増えています。

メタボ健診の他、国民健康保険加入者に人間ドックの費用を補助する自治体もあります。利用は年1回までで、金額は自治体によりますが、おおむね1万～2万円程度。助成対象となる医療機関や検査項目などがあらかじめ決められているので、注意が必要です。また、補助を受けた場合は同じ年度に行われるメタボ健診が受けられません。FIRE後は今以上に健康が重要になります。こうした制度をしっかり利用し、健康維持に役立てましょう。

Check Check Check

POINT

人間ドック費用の助成制度もある

45 お得な配偶者のがん検診も忘れずに

Check Check Check

がんの中でも乳がん、子宮がんといった女性特有のがんは、男性のがんよりも低年齢から罹患リスクが高くなっています。こうしたがんを早期発見するためには、若いうちから定期的に検診を受診することが大切です。そこで、自治体では国民健康保険加入者に対し、20歳以上を対象にした子宮頸がん検診、40歳以上を対象にした乳がん検診を、厚生労働省の指針に基づき2年に1度の間隔で受診できるようにしています。検診は指定医療機関で受診することもできますし、個別にクリニックなどで受診することも可能です。費用は自治体によって無料のところもあれば、1000~3000円の自己負担が必要な場合もあります。

会社員時代は健康保険の扶養家族の配偶者も退職後は国民健康保険に加入することになり、保険料はその分アップします。自治体の制度を使い、受診を欠かさないようにしましょう。

POINT

2年に1度、子宮頸がんや乳がんの検診を受診

46 親の介護保険サービス費にも還付のチャンスが

Check Check Check

50代だと親も高齢になり、介護保険のサービスを利用している方も多いでしょう。介護保険のサービスは、要支援・要介護度に応じた利用上限額の範囲内であれば、多くは1割、一定以上の収入がある人は2～3割の自己負担で受けられます。サービスはケアプランに沿って利用しますが、**継続して利用するため、費用負担は重くなりがちです。**

実は介護保険にも、健康保険の高額療養費と同じように月ごとの自己負担が一定額を超えたら、その分が戻る**「高額介護サービス費」という制度**があります。上限額は所得によって異なり、課税所得が年380万円未満の世帯なら月額4万4400円、全員が住民税非課税の世帯なら同2万4600円です。給付を受けるには、市区町村の介護保険の窓口への申請が必要ですが、1度申請すれば、その後は自動的に還付されるので忘れることはありません。

POINT **1度申請すれば、その後は自動的に還付される**

47 公的年金はＦＩＲＥによる受給額の変化を把握

Check Check Check

会社員がライトＦＩＲＥで退職すると、その年齢によって65歳から受け取れる年金額が減ってしまうことも知っておきましょう。

50代の方なら、将来の年金額を毎年誕生月に日本年金機構から送付される**「ねんきん定期便」**で確認することができます。

ただし、ねんきん定期便に記載されているのは、「60歳まで今と同じ条件で厚生年金に加入した場合の見込み額」です。

仮に55歳で退職するとしたら、先の老齢厚生年金の見込み額から5年分をマイナスして考える必要があります（退職後は国民年金に加入し60歳まで保険料を納付することを前提とする）。

これを簡単に計算できる式が、

「（5年間の平均年収÷100万円）×5500円×5年」

です。

55～60歳の5年間の平均年収が600万円だとすれば、「(600万円÷100万円)×5500円×5年＝16万5000円」となります。

55歳退職だと、実際の受給額はねんきん定期便の見込み額より約17万円少なくなるわけです。月額ベースでは1万4000円弱の減額となります。この金額をベースに、リタイア後の家計プランを立てておく必要があります。

より詳しい数字を知りたい人や、退職後に他の会社で厚生年金に加入しながら働く場合に年金額がどう変わるかを計算したい人は、日本年金機構のウェブサイト「**ねんきんネット**」の**試算機能**を使うといいでしょう。

また、気軽に将来の年金額を試算できる「公的年金シミュレーター」も利用したいところ。利用時にID、パスワードの入力が不要なので、すぐ試算できます。ねんきん定期便に掲載された二次元コードを読み取れば、過去のデータも自動入力されます。

POINT **簡単な数式でどれくらい減るか計算できる**

48 障害年金は国民年金と厚生年金で大きな差

Check Check Check

公的年金保険の加入者が不慮の事故や病気などで働けなくなり障害認定を受けると、障害年金を受給できます。

障害年金には国民年金の「障害基礎年金」と厚生年金の「障害厚生年金」があり、支給される年金額は該当者が加入する年金制度や障害の等級（1～3級）、配偶者や高校3年生（18歳年度末）までの子どもの有無、厚生年金被保険者の場合は月収（標準報酬月額）などにより異なります。

会社員がＦＩＲＥするなら、退職前に入念なメディカルチェックを受けておくことをお勧めします。糖尿病の患者さんを例に、理由をご説明しましょう。

糖尿病は日本では成人の9人に1人が罹患している「国民病」です。特にインスリンがうまく作用せず血糖値が慢性的に高くなる2型糖尿病の患者は、病状が進行すると腎症（腎機能低下）を起こしやすくなります。実際、人工透析を受けている人の4割程度は糖尿病由来の腎症の患者です。

人工透析患者は障害年金2級に認定され、障害年金が受給できます。ただし、退職して国民年金の被保険者となった後に医療機関を受診した場合は障害基礎年金（月額約6万5000円）しかもらえません。しかし、仮に退職前のメディカルチェック（初診日）で糖尿病と診断されていたなら、障害基礎年金に加えて障害厚生年金（月収の約2・1倍）も受け取れます。障害年金は、障害の原因となった病気の初診日において国民年金、厚生年金、どちらの被保険者か（種別）で判断されますから、**初診日において厚生年金の被保険者であれば、2階建ての年金が受給できる**のです。

病気にならないのが一番ですが、万一罹患した場合を考えると、障害年金のような保障が手厚いに越したことはありません。先の糖尿病のようなケースだと、**退職前のメディカルチェックが将来の家計を大きく左右する可能性**があります。仮に異常が見つからなかったとしても、ライトFIRE実現の前に健康状態を確認しておけば安心です。

POINT／**退職前には入念なメディカルチェックを**

49 遺族厚生年金は老齢厚生年金の4分の3が目安

Check Check Check

一家の大黒柱を失ったときに支給される遺族年金にも、**国民年金の「遺族基礎年金」と厚生年金の「遺族厚生年金」**の2種類があります。

会社員の場合、遺族は障害年金同様に2階建ての年金が受け取れます。故人が①厚生年金の被保険者である間に死亡した、②厚生年金の被保険者だったときに初診日がある病気やケガが原因となり初診日から5年以内に死亡した、③1級または2級の障害厚生年金を受給していた、④老齢厚生年金の受給権者・受給資格を満たしていた（加入期間が25年以上ある）場合は、遺族厚生年金が支給されます。

国民年金の遺族基礎年金が支給されるのは、故人に「配偶者と18歳年度末までの子（障害年金の1級か2級の認定を受けている場合は20歳未満）」、または「先の条件に該当する子のみ」が残された場合で、故人に生計維持されていた人が対象です。子どものいない配偶者は対象になりません。金額は、配偶者と子ども2人だと年間120万円程度です。

これに対し、遺族厚生年金は基礎年金と同様に故人に生計を維持されていた人が対象ですが、遺族の範囲は広がります。受け取る際には「配偶者と子ども→父母→孫→祖父母」という優先順位があります。受給額は、故人の老齢厚生年金(報酬比例部分)の4分の3相当額です。妻以外の受給者には、年齢要件もあります。故人の夫や父母、祖父母は、故人が亡くなったときに受給者が55歳以上であること。実際に受け取れるのは、60歳になってからです。また、30歳未満の子どものいない妻は、受給期間は5年間です。

遺族年金には収入要件「生計維持」があり、**遺族の収入が850万円以上ある場合は支給されません。**

今後ライトFIREを考えている人が気をつけるべきなのは、独立の際、厚生年金から国民年金への移行手続き(種別変更)をしておくこと。国民年金に加入せず保険料を滞納していると、年金がもらえない可能性があります。

POINT/ライトFIREする際には必ず国民年金への移行手続きを

Check Check Check

50 確定申告で払った医療費を取り戻せる

1年を通して医療費の自己負担額が10万円を超えた場合は、翌年「医療費控除」の申告をすれば、控除を適用した後の税金を再計算して払い戻しを受けることができます。誤解されている方が多いのですが、この「医療費」は必ずしも保険診療の医療費だけを指すものではありません。たとえば、**先進医療の費用や、歯科のインプラント代、通院にかかった公共機関の交通費なども含まれます。**

さらに、医療費控除の場合は**生計を一にする家族の分をまとめて申告することが可能**です。また、所得金額が200万円以下の場合は「所得×5％」と申告のハードルも下がります。仮にライトFIRE後の所得が120万円なら、家族の年間医療費が6万円を超えたら申告して納めすぎた税金を取り戻せます。

POINT **一部の保険外診療費用も控除の対象になる**

51 シングルにお勧めの〝もう1つの医療費控除〟

Check Check Check

シングル世帯だと入院や手術をした年でもない限り、なかなか医療費控除の申告の水準に届かないものです。しかし今なら、そんなシングルにお勧めのもう1つの医療費控除、**「セルフメディケーション税制」**が利用できます。これは、市販薬の購入費が年間で1万2000円以上であれば、申告すれば超えた分が課税所得から控除されるもの(8万8000円が上限)。対象となる市販薬は感冒薬、鼻炎用内服薬、胃腸薬など多岐にわたります。

対象市販薬はパッケージや薬局のレシートのマークで識別できます。レシートは申告に備えて保管しておく必要があります。**健康診断や予防接種などを受けていることが制度利用の条件となっており、**その領収書や結果報告書も残しておかなければなりません。セルフメディケーション税制は2026年末まで適用されますが、その後どうなるかは未定です。

POINT **市販薬の購入費が1万2000円以上であれば適用**

52 地方名産がもらえる「ふるさと納税」

Check Check Check

ふるさと納税は、応援したい都道府県や市区町村を選び、使途を指定して寄付をすることができる制度です。寄付のうち2000円を超える分については、所得税は「所得控除」、住民税では「税額控除」が受けられます。

さらに、多くの自治体は寄付のお礼として「寄付額の30％相当までの返礼品」を送ってくれます。**納める税金の総額が減るわけではありませんが、一部を住所地以外の自治体に振り向けることで返礼品ももらえる**というお得な制度です。

返礼品は、地方名産の魚介や肉類、フルーツ、野菜、主食類、スイーツ、飲料、酒類、調味料、食器、雑貨、家具、服飾品、家電などモノが中心ですが、食事券や旅行券、現地でのレジャー体験などもあり、実に多岐にわたります。お米や食料品、ビール、トイレットペーパーなどを選べば、その分の食費や雑費を抑えることができます。

気をつけたいのは、その人の年収や扶養家族の人数によって、控除額を受けられる寄付額に上限があることです。**配偶者を扶養する会社員の場合、年収500万円だと5万円程度、800万円なら12万円程度が年間の上限額の目安となります。**

ふるさと納税をするなら、「ふるさとチョイス」「さとふる」「楽天ふるさと納税」などのポータルサイトを利用すると便利です。決済方法は自治体によって異なりますが、クレジットカードが使える自治体なら、**カード決済を選べばカード会社のポイントも貯まるのでダブル**でお得です。

専業主婦や学生などで無収入の人も寄付をすることはできますが、控除が受けられないため、全額自己負担の純然たる寄付となります。ライトFIREした後や年金生活に入った後も一定の所得があって所得税や住民税を納めている人なら、ふるさと納税の控除が受けられますよ。

POINT／退職・リタイア後も一定の所得があれば控除が受けられる

53 自治体の補助金・助成金を見逃さない

Check Check Check

あまり知られていませんが、**国や地方自治体には、返済不要の交付金などの制度がたくさん用意されています。**中には、ライトＦＩＲＥの準備を進める際に有効活用できそうなものもあります。

たとえば、東京都港区は、「まなメニュー」という生涯学習講座が大変充実しています。語学やパソコン、歴史などの一般教養だけでなく、簿記や行政書士、宅地建物取引士、ファイナンシャル・プランニング技能士などの**資格取得に向けた準備講座**も開催しています。お住まいの自治体にこうした制度があれば、キャリアアップに活用できます。

ＦＩＲＥで地方移住をお考えの方なら、見逃せないのが**移住先の自治体の支援サービス**です。栃木県では県外からの「ＵＩＪターン」就職を推進しており、東京23区在住者や在勤者が栃木県に移住し、県が運営するサイトに求人を出した企業に就職すると、移住支援金として世帯に１００万円、単身者には60万円を支給してくれます。

こうしたサービスや交付金も、元はと言えば私たちが納めた税金や社会保険料などです。普段から各省庁や自治体のウェブサイト、広報誌などを定期的にチェックし、自分や家族に当てはまるものがあれば速やかに申請しましょう。スマホやタブレット用の無料アプリ「マチイロ」をインストールすれば、全国の自治体の広報紙を読むことができます。行政情報をこまめにチェックするには便利なアプリです。わからないことがある場合は、事前に市区町村などに問い合わせて確認しておくといいでしょう。

補助金の申請をする際には、必要になる書類がいくつかあります。

まずは、会社員なら源泉徴収票、フリーランスや確定申告が必要な会社員は確定申告書など収入を証明する書類です。納付関連の書類を求められることも多いので、保険料や固定資産税の納付書などはすべて残しておきましょう。

また、**申請の際にはマイナンバーカード（3項）があると便利**です。早めにつくっておくことをお勧めします。

POINT **各省庁や自治体のサイトなどをチェックしておく**

54 資格取得の受講料を補助する制度もある

Check Check Check

ＦＩＲＥ前後に、一念発起して資格取得を目指している方もいらっしゃるでしょう。資格取得やスキルアップにつながる講座を受講する際は、雇用保険の教育訓練給付が受けられます。

給付金には、

①一般教育訓練給付金(受講料の20％、上限10万円)
②特定一般教育訓練給付金(同40％、上限20万円)
③専門実践教育訓練給付金(同70％、年間上限56万円、最長４年)

の３種類があります。

それぞれの対象となっている講座は厚生労働省のウェブサイトで確認できますが、②と③を利用する場合は、受講１カ月前までに訓練前キャリアコンサルティングを受ける必要があります。

資格講座は試験合格が条件ではないので、講座を修了すれば給付が受けられます。会社を辞めた後でも、退職したときから1年以内に始まる講座であれば、この制度が使えます。

③の専門実践教育訓練給付金は、大学や大学院で学ぶ際にも使えるようになっています。社会人向けの専門職大学院を例に取ると、認定を受けているのは、ビジネス・MOT（技術経営）、教職大学院、法科大学院、会計、公共政策などの分野で、一橋大学大学院、早稲田大学大学院、法政大学大学院、明治大学大学院、青山学院大学大学院などが該当します。東京以外でも、神戸大学大学院、関西学院大学大学院、九州大学大学院などに門戸が開かれており、理系の方なら東京工業大学大学院、東京理科大学大学院などで技術経営を学ぶ際に給付を受けることができます。

修士課程を修了すれば、最大168万円の給付金が受け取れます。教育訓練給付金は非課税所得のため、税金はかかりません。

POINT
教育訓練給付金は退職後でも使える場合も

55 体を鍛えるなら自治体の最新健康増進施設

Check Check Check

健康維持のため、日頃からスポーツクラブやジムで汗を流している方もいらっしゃることでしょう。

会社勤めで定期収入のある間は気にならないかもしれませんが、ライトFIRE後に一時的に収入が大きく減ってしまうと、**こうした小さな出費が負担に感じられる**ものです。しかし、ジム通いをやめて体を動かす習慣がなくなってしまうと、運動不足になり、健康面で悪影響が出てこないとも限りません。

民間のジムに行かなくても、自治体によっては、最新トレーニング機器を備えたスポーツセンターやプールがあったり、住民を対象としたストレッチや筋トレ、ヨガなどの教室を開いていたりします。

たとえば、東京都港区の健康増進施設「ヘルシーナ」では、区内在住者・在勤者は580円でトレーニンググルームが利用できます。別料金で健康度を測定した上でセルフトレーニングメニューも作成してもらえます。

埼玉県朝霞市の「わくわくどーむ」には流れるプールやジャグジーなど5種類の温水プールがあり、利用料は市民なら2時間400円。アクアビクスやストレッチ、バランスボール、体幹トレーニングなど無料レッスンのメニューも豊富です。

「ジムに通えないならマシンを買ってしまおう。そのほうが安いかも」と考えるかもしれませんが、トレーニング機器は買ってしばらくすると使わなくなる方が多いようです。それなら、**最初から割安な自治体の施設を使ってトレーニングを継続する**のが賢明です。

ライトＦＩＲＥで引っ越しを考えている人は、移転先の自治体にこうした施設があるかどうかも調べておきましょう。

POINT

数百円でジムやプールが利用できる

Check Check Check

56 空き家の実家や地方の「0円貸し家」を利用する

お金の専門家の中には、「高齢になると賃貸が難しくなるから、現役のうちに自宅を確保しておいたほうがいい」とアドバイスをする方もいます。しかし、そうとも限りません。元気な高齢者なら、保証人が難しければ家賃保証の制度を利用すればいいし、今はUR賃貸で保証人不要の高齢者向け優良賃貸住宅を借りるという選択肢もあります。

逆に、自宅を所有するとそのエリアに縛られますし、首都圏の物件では、固定資産税やマンションの管理費、修繕積立金などのコストもかさみます。東京カンテイが専有面積70㎡で換算したマンションの管理費と修繕積立金は、月額で約2万7000円（2019年）に上っています。老後資金の確保が必要な時期に、多くのお金を住居費に費やすのは賢明とは言えません。また、不動産は売りたいときにすぐに売れない可能性もあります。

私は少し前に自宅を売りに出し、賃貸のマンションに引っ越しました。自宅は神戸市の六甲山中腹にある戸建て住宅。自然豊かで子育てには最適な環境でしたが、最寄り駅からは遠く、バス路線は通っていますが移動には車が欠かせません。10年後も問題なく運転できる自信がなく、体力のある今のうちにと引っ越しを決意したわけです。

売却価格で生涯家賃が払えそうな物件を探し、駅から徒歩10分ほどの賃貸マンションを見つけました。周囲は緑が多く、高台なので窓からは海も眺められます。広さは戸建ての3分の1ほどになりましたが、この借景のおかげでストレスはありません。**子どもが独立した後の夫婦2人暮らしなら、掃除や片付けもしやすいコンパクトな住まいは良い選択肢**です。

ライトFIRE後は通勤の必要もなくなります。住居費削減のために家賃の安い地方や、空き家になっている田舎の実家に暮らすという選択肢も視野に入ってきます。

空き家の所有者が「放置するよりはマシ」と貸し出す「0円貸し家」は極端な例ですが、地方によっては2万～3万円の家賃で暮らせる一軒家の掘り出し物件がたくさんあります。自治体が地域の空き家情報を提供する「空き家バンク」や、地域に根づいた不動産屋などに当たってみましょう。

POINT／**シニア世代のマイホーム所有にはデメリットもある**

57 食品ロス支援と食費カットで一挙両得

Check Check Check

農林水産省によると、日本での食品ロス、つまり「まだ食べられるのに捨てられてしまう食品」は年間で約570万トン（2019年度）に上っています。世界全体では年間で約13億トンにも達する勢いだそうです。

持続可能な世界をつくる「SDGs」の意識が浸透する中で、こうした食品ロスをなるべく減らしていこうというムーブメントが盛んになっています。

その一環として、**廃棄される食品をお得に購入できるウェブサイトやアプリなどのプラットフォーム**が増えてきました。

レストランなどで余った料理をウェブサイトにアップしてサイト上で決済し、店頭で引き取ったり、飲食をしたりするものもあれば、定額制で日に2回まで廃棄食品を注文できるといったサブスクリプションスタイルのものもあります。

たとえば、通信大手のNTTコミュニケーションズが運営するecobuy（エコバイ）は、アプリを活用して賞味・消費期限が近い食品を登録者に告知し、購入した登録者はレシートを撮影・申請することでポイントが貯まるというサービスです。貯まったポイントは、サイバーエージェントと提携する25社(2021年11月現在)のポイントと交換できます。

こうしたサービスを利用すれば、食品ロス削減に貢献できるだけでなく、食品を安く買うことで日常的な食費を抑えることにもつながります。

対象が食品とあって、地域単位でサービスを提供しているケースも多いようです。まずは**日頃利用しているスーパーや飲食店が実施**していないかどうか調べてみましょう。

食品ロスの専門家・井出留美氏の『あるものでまかなう生活』(日本経済新聞出版)は、賞味期限の話をはじめ、無駄を見直す知恵が詰まった書籍。一読することをお勧めします。

POINT/自分が住むエリアで使いやすいサービスを探そう

58 気になるモノ、欲しいモノは無料で使ってみる

Check Check Check

近年はさまざまなアンチエイジング効果をうたったサプリメントや健康食品、化粧品などが出てきています。1万円を超えるような高額な商品だと、本当にそれだけの費用対効果があるのか気になるところです。

商品モニター募集サイトに登録すれば、こうした〝**試し買いするには高すぎる商品**〟を**無料で使ってみる**ことができます。

使用感のレポートなどが求められますが、商品分析や評価には仕事で培ったスキルやノウハウが役立ちそうです。モニターの対象は食料品やペットフード、雑貨、インテリアグッズなど多岐にわたります。

個人間で不用品の譲渡ができるマッチングサイトもあります。

こうしたサイトに登録して定期的にウオッチしていれば、欲しいモノが出品されたときに無料で譲り受けることもできます。

ただし、送られてきた商品の状態が悪くて使えないとか、サイトのセキュリティの問題で個人情報がもれてしまったといったトラブルが発生するリスクもあり、利用する際は注意が必要です。

お勧めしたいのは、1回試しに使ってみることです。そして、自分の目的に合っているか、役に立ったかどうかを冷静に判断します。合わないと思ったら、すぐに退会しましょう。

サイトによっては、こちらがアクションを起こさない限り自動更新されて、興味のない商品のモニターを強いられる可能性もあります。

こうしたサイトは玉石混交ですから、自分の目で確かめることが大切です。

POINT／**商品モニターや「無料であげます」サイトに登録する**

59 「共助」に一歩踏み出す

Check Check Check

「目指す社会像は自助、共助、公助、そして絆」、我が国の首相の発言です。

自助・共助・公助は、災害時を想定するとわかりやすいでしょう。自助とは、津波や台風などの災害から自分や家族の身を守ることです。次の共助は、緊急時や避難時に地域やコミュニティの人々が互いに助け合うこと。そして、最後の公助は、自治体や消防、警察、自衛隊などが救助や物資の支給などの災害支援に当たることを指しています。

首相の発言は、「まずは自分や家族でやれるところまでやる。難しければ、地域や民間の福祉団体などの力を借りる。それでも無理なら、行政に頼る。とはいえ、人間同士の絆を大切にする社会であってほしい」という意味です。

災害時だけでなく、今、**地域での助け合いなど「共助」が注目**されています。

たとえば東京都江戸川区では、人と人、人と社会がつながって、国籍や老若男女を問わず人々が生きがいや役割を持って助け合いながら暮らしていける社会づくりを目指しており、

2025年をメドに、そうした「地域共生社会」の拠点「なごみの家」を区内15の日常生活圏域すべてに設置する予定です。なごみの家では誰でも気軽に立ち寄れる場として食堂を運営したり、自治会や子育てのサロンを開設したり、「なんでも相談」を請け負ったりします。

東京都西東京市も「こころのふれ合うまち」「お互いに助け合うまち」「安心して暮らせるまち」を目指す「ふれあいのまちづくり」に取り組んでいて、住民が交流できる「ふれまち住民懇談会」を開催するほか、旧小学校通学区域を単位に誰でも気軽に参加できる喫茶や子育てママ、高齢者などのサロンを開催。住民が困っていることの相談や支援も行っています。

地域のトラブルを誰に相談していいのかわからない。病気や失業などで経済的に困窮しても相談できる相手がいない。都市型社会で起こりがちなことです。

困ったときには、こうした「今まで足を踏み入れたことのない場所」に行ってみるのもいいでしょう。

POINT／**困ったときは「共助」に頼ることも考えよう**

Check Check Check

60 親から援助してもらった生活資金は非課税

親の遺産を相続する際、一定額を超えていると相続税がかかります。仮に相続人が子ども2人だとすると、相続税課税のボーダーラインは4200万円です。「うちの親は資産家じゃないから大丈夫」と思っていても、地価の高いエリアに一軒家をお持ちだと、不動産の評価額が想像以上に高くなっている可能性があります。かといって、まとまった額を生前贈与してもらうと、今度は贈与税がかかります。

意外に知られていないのが、**親からの生活費や教育費の援助で通常必要と認められるものには課税されないということです（1年間で贈与税の基礎控除を超えていてもOK）。**

病気などで一時的に生活が苦しいときや、子どもの大学の学費の支払いが負担というときは、〝相続の前払い〟として親に援助の交渉をするのも1つの方法でしょう。

POINT **子どもの大学の学費を出してもらう手も**

第4章

受け取り方のひと工夫！

61 入って来るお金で一生暮らせる受け取り方を計画する

Check Check Check

ライトＦＩＲＥを成功させる上で大切なのが、「入ってくるお金で一生暮らしていける」受け取り方を考えることです。そのためには、ＦＩＲＥ後だけでなく、**その先のリタイアも見据えた長期的な家計の収支計画を立てておく**必要があります。

一例として、60歳からリタイアの準備に入り70歳を目標に段階的に仕事の量を減らしていき、公的年金は70歳から受給しようと考えている人のケースでご説明します。

まずは、60歳以降、**毎月どれくらいの家計支出が必要かを想定**します。総務省の「家計調査」（２０２１年）によれば２人以上の無職世帯の消費支出は世帯主が60〜64歳が約27万円、65〜69歳が約26万円、70〜74歳が約24万円で、これが一応の目安になります。ただし、支出額は住居費や居住地の物価、個々の家庭の事情などによっても変わってきます。

次に、**予定収入とその金額をリストアップ**します。予定収入としては、公的年金（老齢基礎年金・老齢厚生年金）、個人年金、確定給付年金（ＤＢ）、企業型確定拠出年金（ＤＣ）、個人型確定拠出年金（iDeCo、イデコ）などがあります。

DCやイデコは60歳から受け取ることができます。60歳から70歳までは柔軟に働きながら生活費をこうした私的年金で補填するとしたら、一括か年金形式かなど受け取り方を検討します。たとえば、これらを年金形式で受け取って「労働収入18万円＋DC8万円」で26万円の予定支出額を賄うというように、予定収入のピースをパズルのように当てはめていくのです。日本人の平均寿命より少し長めに、90歳くらいまでのプランを立てておきましょう。

終身型の公的年金は、繰り下げ受給（35項）などでできるだけ増やしておくのが安心です。これは、**損得ではなく、長生きした場合に備える保険**と考えてください。

リタイアした後だと打つ手はある程度限られますが、今から計画を立てるなら、イデコやつみたてNISA（少額投資非課税制度、つみたてニーサ）などを使ってリタイア後の予定収入の選択肢や金額を増やしておくことが可能です。

POINT／**平均寿命より長めにプランを立てておく**

62 公的年金は何歳から受け取るのがベスト？

Check Check Check

公的年金の受給開始年齢は65歳を基本として、60歳から75歳までの間で選べるようになっています。

65歳より前に受け取り始める場合は、**65歳から受け取る金額より1カ月につき0・4％減額されます。**

これに対し、**65歳より後に受け取りを遅らせると1カ月につき0・7％増えていきます。**

いつから受け取り始めるのがベストかは、前項の「入って来るお金で一生暮らせる受け取り方を計画する」の計画次第です。ただし、前項でも指摘したように、長生きした場合に備えて、なるべくなら受給開始年齢を繰り下げて、将来の受給額を増やしておきたいところです。

ちなみに、現行の繰り下げ受給の増額率は、1995年の平均余命に基づいて定められています。

当時の平均余命は男性が約76歳、女性が約83歳でした。今は男性約81歳、女性約88歳（いずれも2021年）ですから、**当時より5歳ほど余命が延びている**ことになります。

1995年当時、男性を例に取ると75歳時点で存命なのは6割強に過ぎませんでした。これに対し、今は8割近くの方が存命です。

こうしたことを考えると、特に72歳くらいまで、25年以上も前の平均余命に基づいた1カ月あたり0・7％という高い増額率を享受できるのは、大変お得と言えるでしょう。

60代の間は一定の労働収入が見込めて家計に余裕があるのなら、受給開始は70歳か71歳まで延ばすのも一案です。配偶者が年下の方は、老齢厚生年金はそのまま65歳から受給して老齢基礎年金だけを繰り下げるようにすれば、次項の加給年金への影響もありません。

POINT

増額率では70歳から72歳までの繰り下げがお得

63 人によっては「加給年金」の加算がある

Check Check Check

厚生年金に20年以上の加入歴があり、65歳になった時点で65歳未満の配偶者（以下は妻の場合で説明）や18歳年度末までの子ども（障害1〜2級の場合は20歳未満）を扶養している人の老齢厚生年金には、「加給年金」という加算がつきます。

加給年金はいわば、**会社の給料に加算されている「家族手当」の年金版**です。

妻の加給年金額は年間約39万円で、妻が満65歳になるまで支給されます。前述の条件を満たす子どもがいる場合は、さらに該当する子どもの人数に応じた金額が上乗せされます。子どもの加給年金額は、第2子までが約22万4000円、第3子以降が約7万5000円です（金額はいずれも毎年改定される）。

最近は晩婚のご夫婦が増えていますが、たとえば、妻が10歳以上年下で、50歳で第1子、52歳で第2子が生まれた人だと、加給年金だけで年間約84万円にも上ります。こうしたケースだと年金生活に入ってから子どもの教育費のピークを迎える形になりますから、受け取れるものはしっかり把握しておきたいところです。

気をつけたいのは、**加給年金はあくまで「老齢厚生年金」への加算**であり、なおかつ、**妻や子どもの年齢によってもらえる期間が決まってくる**ということです。加えて、年齢要件を満たした妻でも、妻自身が厚生年金に20年以上加入し年金を受給し始めると、加給年金は支給停止となり受け取れません。「妻が自身の20年分の老齢厚生年金を受け取り始めたのなら、家族手当は要らないよね」ということです。

このように、加給年金は、夫婦の年齢差だけでなく、妻がパート（厚生年金加入）で20年以上働くかなどによっても受け取り期間が変わるので、該当する方は自分のケースだとどうなるかを確認しておきましょう。わからない場合は、年金事務所などでも教えてもらえます。

POINT／配偶者の加給年金額は年間で約39万円

64 繰り下げ受給は家庭の事情も考慮すべし

Check Check Check

年金額を1カ月で0・7%、年率に換算すると8・4%も増やせる繰り下げ受給は、ゼロ金利時代にきわめて有利だと述べました（35、62項）。加えて、終身型の公的年金の金額を繰り下げ受給で増やしておけば、長生きした場合も安心して暮らせるよう備える保険にもなります。

しかし、受給を繰り下げる際には、注意が必要な方もいます。

一例が、年下の妻がいて、ご自身の年金に前項の加給年金が加算されるケースです。

仮に妻が5歳年下だとしたら、70歳までの5年間老齢厚生年金を繰り下げると、本来もらえるはずだった**総額200万円近い加給年金（5年分）がもらえなくなります。**

加給年金は老齢厚生年金への加算ですから、この方の場合は、老齢厚生年金はそのまま65歳から受け取っておき、老齢基礎年金だけ繰り下げるようにすれば、加給年金も受け取れます。

夫婦の年齢差が小さい場合は、余命にもよりますが、加給年金の停止額より繰り下げ受給額のほうが多くなることもあります。

また、65歳時点で親の介護費用や子どもの大学・大学院の学費を負担しているといった事情があるなら、当座の資金確保が第一ですから、無理に繰り下げる必要はありません。

このように、繰り下げ受給を検討する際には、配偶者との年齢差や、家庭の経済事情なども考慮した上で判断することが大切です。

繰り上げ受給の場合は老齢基礎年金と老齢厚生年金をセットで繰り上げる必要がありますが、**繰り下げ受給はどちらか一方だけ繰り下げたり、受給開始時期をずらしたりすることができます。**65歳直前になって慌てて決めるのではなく、今のうちからご自分の家庭にとってベストな繰り下げ時期を検討しておきましょう。

POINT／**繰り下げ方によって加給年金を受け取れない可能性が！**

65 繰り上げ受給はしてもいいけれど注意が必要

Check Check Check

65歳になる前に前倒しで年金を受け取り始める「繰り上げ受給」は、1カ月繰り上げるごとに年金額が0・4％カットされ、減額された金額が一生続きます。

ですから、積極的にお勧めはしませんが、ライトFIREした後に何らかの理由で生活費が逼迫した場合などは、繰り上げも「やむなし」と思います。

そもそも、平均余命程度まで生きた場合、60歳から減額された年金を受給していても、70歳くらいから増額された年金を受給していても、生涯に受け取る総額は大きくは変わりません（基礎年金で計算）。年金制度が全体として、そのように設計されているからです。**要は、細く長くもらうのか、太く短くもらうのかの違い**です。

ただし、繰り上げ受給については注意点もあります。

まず65歳になる前に病気やケガで障害状態になったとき、老齢基礎年金を繰り上げた後だと障害基礎年金を請求できないことです。自分が障害認定を受けることは考えづらいかもしれませんが、急な脳疾患や交通事故など、何が起きるかわからないのが人生です。実際、障害基礎年金の受給者は2020年3月末時点で、1級・2級合わせて約200万人に上っています。

さらに、自営業の夫（第1号被保険者）が年金を受給する前に亡くなった場合に、〝掛け捨て〟が生じないよう60～64歳の妻に支給される「寡婦年金（金額は夫が受け取るはずだった第1号被保険者期間の老齢基礎年金の4分の3）」がもらえなくなります。

あまり考えたくないことですが、仮に60歳から繰り上げ受給をして半年後に亡くなったとしたら、それまで40年間（満額）保険料を納めていたとしても、夫が受け取る年金は6カ月分の約40万円だけになってしまいます。

繰り上げ受給をする際には、こうしたリスクも踏まえ、慎重に判断しましょう。

POINT／**障害基礎年金や寡婦年金がもらえなくなる**

66 公的年金の振込口座は安易に決めてはいけない

Check Check Check

公的年金の振込口座を選ぶ際、面倒だからと会社員時代の給振口座をそのまま指定するのはNGです。銀行は支店や窓口が減っており、生活費を下ろすのに交通費がかかるといった厄介な事態になりかねません。私がお勧めするのは、近所にある可能性が高く、使い勝手のいいゆうちょ銀行です。**もらえるお金はすべて、ゆうちょ銀行の口座で一元管理すると便利**です。マイナンバーと口座を紐づける場合も、このゆうちょの口座にするのがいいでしょう。

ただし、ゆうちょ銀行の通常貯金は、ほとんど利息が付きません。**少しでも利息があるほうがいいと考えるなら、金利の高いネット銀行**（31項）を選ぶ方法もあります。一部のネット銀行では年金受け取りサービスを実施しており、手数料などが優遇されるランクアップの対象になったり、ポイントが貯まったりするなど、さまざまな特典が用意されています。

POINT **使い勝手のいいのは「ゆうちょ銀行」**

67 繰り下げ受給で「寡婦の経済苦」を回避せよ

Check Check Check

私は講演会などで、「妻の年金こそ繰り下げ受給しましょう！」とお話ししています。

同世代のご夫婦の場合、妻は平均余命からして夫よりも長生きする可能性が高いわけですが、夫の死後は、夫の遺族年金が支給されたとしても、夫婦２人の頃と比べて世帯の年金額が半分程度になってしまいます。だからといって基本生活費が大きく減るわけではありません。結果として、１人暮らしになった後は好きな買い物や習い事も満足にできなくなり、食事も切り詰めているという「寡婦の経済苦」が少なくないのです。

若いうちならお金の苦労も将来への糧に変えられるでしょうが、**高齢期になって貧しくなるのはつらいものです。**特に専業主婦やパートだった女性は自分の年金が少ないのがネックとなるため、老齢基礎年金は可能な限り繰り下げて年金額を増やしておきたいところです。

POINT **専業主婦は自分の年金額を増やしておく必要あり**

Check Check Check

68 「遺族年金が受け取れるから大丈夫」ではない

前項で「寡婦の経済苦」の話をしましたが、その背景を理解するには、夫に先立たれた後の「遺族厚生年金」の受け取り方を知っておく必要があります。

年金生活の中で元会社員の夫が先に亡くなると、**妻は次の3通りの中から一番高い年金額を受け取る**ことになります。

具体的には、

①自分の老齢基礎年金＋自分の老齢厚生年金
②自分の老齢基礎年金＋夫の老齢厚生年金の4分の3
③自分の老齢基礎年金＋（自分の老齢厚生年金の2分の1＋夫の老齢厚生年金の2分の1）

の3パターンです。

専業主婦の妻や、パートでも夫の扶養家族となる年収の範囲で働いてきた妻は②の年金額、共働きで夫と同程度に稼いでいた妻は①の年金額となるケースが多いようです。

とはいえ、②の専業主婦やパートの妻には国民年金の未加入期間があって自分の老齢基礎年金が心もとないという人が少なくありません。したがって「夫の老齢基礎年金と夫の老齢厚生年金の4分の1」の年金が減ってしまうと、生活を維持することが難しくなる人もいます。一方、**共働きだった妻は夫の死により突然世帯の年金額が半分になり**、生活苦に陥るといったリスクがあります。

日本人の平均余命は、女性の方が約7年長くなっています。年齢の近い夫婦では、夫が先に亡くなる可能性が大きいと考えられます。

だからこそ、自分亡き後も妻が安心して天寿を全うできるよう資金計画を立てておきましょう。

「終わり良ければすべて良し」なのは、人生も結婚生活も同じです。人生の最後に経済的な苦労を強いられた妻は、あなたとの結婚自体を後悔するかもしれません。

POINT／**妻が1人になっても安心な資金計画を**

69 「会社員の夫＋専業主婦の妻」の最強年金受給プラン

Check Check Check

将来の年金を手厚くするためには、ライトFIREをした後も70歳までは週20時間（企業規模による）アルバイトなどで働き、**厚生年金に加入して年金額を増やす方法**があります。専業主婦の妻も今後パートなどで働き勤務先で厚生年金に加入すれば、加入した期間分の老齢厚生年金を受け取ることができます。

たとえば、年収180万円で働くと、1年間で老齢厚生年金が年額1万円増えます。5年働けば、5万円ですね。55歳でFIREした人が70歳までアルバイトで厚生年金に加入し、年収180万円を得たとしたら、**年額15万円の年金を上積み**することができます。

夫婦とも厚生年金に加入することにより、65歳まで個人型確定拠出年金（iDeCo、イデコ）で積み立てをして老後資金を上乗せすることも可能になります。

65歳以降も働いていて生活費が手当てできるのであれば、70歳まで年金の受給を繰り下げることを検討しましょう。妻が5歳以上年下だとしたら、加給年金が上乗せされるので、夫の年金の繰り下げは老齢基礎年金だけに止めておいてもいいでしょう。余命がいつまでかは神のみぞ知るですが、夫の年齢が5歳上で、夫が85歳になるまでであれば老齢基礎年金だけ繰り下げるとトータルの受給額が多くなることもあります。

老齢基礎年金だけを繰り下げたとしても、５年間の繰り下げで年金額は約１・４倍になりますから、年額で約78万円（40年加入の場合）の老齢基礎年金が約１１０万円と大きくアップし、増額した額が一生続きます。

妻も老齢基礎年金と老齢厚生年金の両方を繰り下げれば、70歳時点で約４割受給額を増やせます。仮に65歳から受け取れる年金額が老齢基礎年金と老齢厚生年金を合わせて80万円だったとすれば、繰り下げ効果により、70歳からの年金額は約１１４万円になります。

夫の死後は夫の遺族厚生年金（老齢厚生年金の４分の３）と自分の老齢基礎年金を受給する形になりますが、妻は繰り下げで自分の老齢基礎年金を増やしているので、いきなり生活に行き詰まることはないでしょう。

POINT／**妻も厚生年金に加入し自分の年金を増やす**

70 「DINKS会社員夫婦」の最強年金受給プラン

Check Check Check

共働き会社員夫婦は現時点での収入が多いというだけでなく、将来の年金受給においても最強です。特に最近増えている妻が夫と同程度の収入を得ているパワーカップルなら、夫が55歳前後でライトFIREしたとしても、将来は高齢の無職世帯の平均消費支出を大きく上回る年金が受け取れるでしょう。

とはいえ、**こうした世帯は生活水準を高く設定しがちで、老後資金などの貯蓄が不十分なケースも多いようです。**FIREを機に家計管理を見直す一方で、**年金を増やすための努力が欠かせません。**

夫は、FIRE後も70歳まで厚生年金に加入して働くことを検討します。妻も60歳で完全リタイアするのでなく、70歳まではパートなどで余裕を持った働き方をし、勤務先で厚生年金に加入するといいでしょう。FIRE後の仕事の探し方については、第5章で詳しく説明しています。

夫が55歳でＦＩＲＥした後に70歳までアルバイトで厚生年金に加入し、１５０万円の収入があったとします。これに加えて、妻も60歳で定年退職し、70歳まで厚生年金に加入してパート収入１３０万円を得ていたら、世帯の年金額は1年につき約19万４０００円増えます。その上で２人とも65歳までは個人型確定拠出年金（ｉＤｅＣｏ、イデコ）に加入し、老後資金を上乗せしておくといいでしょう。

繰り下げ受給は夫婦とも老齢基礎年金だけ受給を70歳まで先延ばしする程度で十分でしょう。それぞれ約78万円（40年加入）の老齢基礎年金を約１１０万円に増やせます。

気をつけたいのは夫が亡くなった後で、世帯単位で収入が半分程度に落ち込んでしまう可能性があります。老後はなるべく夫の収入で生活費を賄い、妻の収入分はキープしておきましょう。

夫の資産から優先的に使っていけば、夫の相続が発生した際、妻の相続分を減らすことにもつながります。

ＰＯＩＮＴ／**老後は夫の年金収入で生活費を賄うようにする**

71 「シングル」の最強年金受給プラン

Check Check Check

一般に「公的年金額は現役サラリーマンの賃金の6割程度」と言われますが、これは「会社員の夫と専業主婦の妻」という年金制度を説明する際のモデル世帯の話です。

シングル世帯が将来受け取る年金額は、現役時代の収入の約半分と考えておきましょう。

さらに、ライトＦＩＲＥ後のフリーランスの期間が長いほど将来の年金額は少なくなり、老後の経済リスクが高まります。

よって、ＦＩＲＥでいったん今の会社を辞めるにしても、70歳までは厚生年金に加入して働くことをお勧めします。他の会社に再就職するという選択肢もありますし、「せっかくＦＩＲＥしたのだから、好きな仕事であっても会社には縛られたくない」と考えるのならアルバイトやパートでもいいでしょう。

仮に55歳から70歳までの15年間、年収３００万円で働き、その間は厚生年金に加入して保険料を払っていたとすれば、将来に向け、月額2万円程度の年金を増やすことができます。

65歳以降も働く場合は、「在職定時改定」という制度により毎年10月に改定が行われ、それまでに納めた保険料が老齢厚生年金額に反映されるので、年金額が少しずつ増えていく仕組みです。

さらに、個人型確定拠出年金（ｉＤｅＣｏ、イデコ）やつみたてＮＩＳＡ（少額投資非課税制度、つみたてニーサ）など**税制優遇のある積み立て投資を積極的に活用して、老後資金をつくっておきましょう。**

70歳まで働くことを前提に、老齢基礎年金は繰り下げ受給による年金増額を積極的に行いましょう。約78万円（40年加入）を約１１０万円まで増やすことができます。

この章でも何度か取り上げていますが、繰り下げによって年金額を増額しておくことは、長生きをしたときに備える保険になります。**配偶者も子どももいないシングルこそ、繰り下げ受給を有効活用しておきたいところ**です。

POINT **使える制度をフルに使って年金額を増やす**

72 退職金は受け取り方によって〝手取り〟が変わる

Check Check Check

退職金の受け取り方には①一時金形式、②年金形式、③一時金+年金形式（併給）の３通りがあります。気をつけたいのは、どの受け取り方を選ぶかによって〝手取り〟が変わってくること。**一時金形式と年金形式では、税法上の扱いや控除の仕組みが異なるためです。**

一時金で受け取る場合は「退職所得」となり、**退職所得控除が使えます。**これは勤続年数によって決まり、20年までが年40万円、20年を超えると年70万円ずつ加算されます。仮に22歳から55歳まで33年間勤務したとすると、退職所得控除は「（20年×40万円）+（13年×70万円）」で１７１０万円。退職金がこの範囲内であれば、税金はかかりません。

これに対し、年金で受け取る場合は「雑所得」扱いとなります。年金収入からは**公的年金等控除**を差し引くことができます。公的年金等控除は受給者の年齢や収入によって異なりますが、年金収入が60~64歳で１０８万円以下、65歳以上で１５８万円以下であれば所得税は課税されません。ただし、この年金収入には公的年金に加え、企業型確定拠出年金（ＤＣ）

や個人型確定拠出年金（ｉＤｅＣｏ、イデコ）なども合算されるため、「ねんきん定期便」（47項）などで将来の年金額を確認しつつ、控除の範囲内に収まるように受け取り方を工夫する必要があります。なお、退職所得は他の所得と分離して所得税額を計算しますが、雑所得は他の所得と合算してから計算する総合課税方式です。また、**退職一時金には社会保険料がかかりませんが、年金収入は国民健康保険料や介護保険料に影響**します。

こういう話を聞くと金額の大きい退職所得控除が使える一時金形式が有利に思えるかもしれませんが、確定給付年金（ＤＢ）を年金形式で受け取ると会社によっては受給が終わるまで年２％程度の利率で運用してもらえるケースがあります。この場合、受給総額では年金形式のほうが多くなります（75項）。

どちらの受け取り方が有利かは、世帯の経済状況などにより異なります。定年の直前になって慌てて受け取り方を決めるのでなく、今から我が家はどれが有利か検討しておきましょう。自分で判断するのが難しければ、会社や専門家に相談するのも良いでしょう。

POINT

一時金形式は「退職所得控除」のメリットが大きい

73 iDeCoを一時金で受け取る際は退職所得控除に注意

Check Check Check

会社を辞めて退職一時金を受け取ったときには、退職所得の金額や勤続年数などが記載された「退職所得の源泉徴収票」が交付されます。これは後々個人型確定拠出年金（iDeCo、イデコ）の受け取りを検討する際に必要になるので、しっかり保管しておいてください。60歳以降にイデコの資産を一時金として受け取る場合は、前項の退職一時金同様、税法上の「退職所得」として扱われます。しかし、イデコを受け取る前後19年以内に退職一時金をもらっていると、両方を合算して退職所得控除を適用した上で税金が再計算されます。

源泉徴収票を見て**退職所得控除の枠が余っているなら、その枠をイデコの受け取りに使いたいところ。**具体的には、退職所得控除が1710万円で退職一時金が1600万円だとしたら、イデコは一時金で110万円を受け取り、残額は年金で受け取る形です。

POINT **FIRE時の「退職所得の源泉徴収票」を保管しておく**

74 iDeCoと確定給付年金の一時金、どちらを先に受け取る？

Check Check Check

読者の中には、会社の確定給付年金（DB）に加入している方もいらっしゃるでしょう。DBの多くは定年退職時に一括で受け取る形ですが、支給開始時期を選べる場合もあります。ただ、DBと個人型確定拠出年金（iDeCo、イデコ）の一時金を同時に受け取ると共に退職所得扱いとなり、両方を合わせた額から退職所得控除を差し引いて税金を計算します。その際に**DBとイデコの合計額が退職所得控除を上回っていたら、上回った分は課税対象と**なります。こうしたケースでは、イデコを先に受け取るといいでしょう。

イデコの一時金をもらった後に5年以上の期間を置けば、DBの一時金は退職所得として合算されずに済みます。逆にDBを優先させた場合、合算を避けるためにはイデコの受け取りを19年以上先にする必要があります。

POINT **iDeCoの一時金を先に受け取るのがお勧め**

75 確定給付年金は退職時に受け取らず会社に運用してもらう

Check Check Check

会社で確定給付年金（ＤＢ）に加入している50代がＦＩＲＥして会社を辞めたり、他の会社に転職したりする際には、会社によってはＤＢの資産を持ち出さず、運用を続けてもらえることがあります（会社のＤＢの規約次第で、できないＤＢもある）。その場合、将来は元の会社で運用し増額されたＤＢの給付金を受け取ることができます。

この低金利下でも、ＤＢの運用の予定利率が２％を超えている会社は少なくありません。老後資金を手厚くするため退職・転職時にＤＢは元の会社で運用を継続する、というのも１つの方法でしょう。ただし、**ＤＢの場合、会社が経営危機に陥るなどの要因で大きく減額されてしまう可能性**もあります。成長戦略が描けない、新規事業が不発など会社の将来に不安を感じているなら、会社を離れる時点でＤＢの資産も持ち出したほうがいいかもしれません。

POINT **会社の将来に不安を感じるなら持ち出す**

76 投資信託はどれから取り崩したらいい？

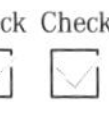

ＦＩＲＥ後やリタイア後には、それに備えて投資した資産を少しずつ取り崩していきます。複数の投資信託で運用している場合、どの投資信託から取り崩すのがいいでしょう？　**個人型確定拠出年金（ｉＤｅＣｏ、イデコ）では売却商品の順序が決まっていることが多く、運用残高に占める比率が大きい投資信託から取り崩していく形です。**イデコ以外では、値動きの大きい投資信託から取り崩すことをお勧めします。基本は、投資信託情報サイトで手持ちの投資信託の過去10年程度の騰落率を調べ、上がっている下がっているに関係なく、騰落率の幅の大きいものから取り崩していきます（相場状況などによって異なる場合もあります）。

値動きをあまり気にせず運用できるのが一番ですし、**変動率の大きいものから解約していけば、インデックスファンドのような信託報酬（28項）の安い投資信託が後に残ります。**

POINT　**値動きの大きい投資信託から取り崩していく**

77 投資信託の取り崩し、3つの方法からどれを選ぶ?

Check Check Check

前項でライトＦＩＲＥ後やリタイア後に投資信託を取り崩す順番について言及しましたが、それ以上に重要なのが**「どのように取り崩していくか」**です。

投資信託の代表的な取り崩し法としては、一定額ずつ取り崩す**「定額法」**、残高の一定比率を取り崩す**「定率法」**に加え、口数単位で取り崩していく**「定口法」**の計3通りがあります。

定額法は投資の損益にかかわらず、決まった額が受け取れるので予定が立てやすいでしょう。半面、下げ相場では多くの口数を取り崩すことになり、結果として想定していた以上に取り崩しの期間が短くなってしまう可能性があります。

定率法は保有資産に対して自分が決めた率をかけた金額を受け取る形なので、定額法のように「あっという間に資産を取り崩してしまった」という事態を回避できます。しかし、取り崩す金額はその時々の相場に左右されるため、相場が悪ければ予定していた額を大きく下回ることもありますし、そもそも、残高が少なくなれば取り崩す額もわずかになります。

定口法は、あらかじめ一定期間の売却口数を指定しておき、その口数に見合った金額を受け取っていきます。受け取り期間が確定する点は安心ですが、定率法同様、相場によっては受け取る額が予定よりも大きく減ってしまう可能性があります。

私がお勧めしたいのは最後の定口法です。

投資信託はもともと1口単位で売買するものですから、**定口法は投資慣れしていない人にもわかりやすい方法**と言えます。定口法だと確かに投資信託の価額が下がったときには受け取る金額が減ってしまいますが、見方を変えれば、下落時にたくさん取り崩してしまうリスクを避けられるわけです。一方で、価額上昇時には受け取る金額が増えます。

つまり、「高いときには多めに受け取り、安いときには少なめに受け取る」という〝**自動調整機能**〟**が働く**のです。

POINT **定口法なら高いときには多めに、安いときには少なめに受け取れる**

78 上手な投資じまいの仕方

Check Check Check

高齢化社会のせいか、最近よく聞かれるのが「投資は何歳まで続けられるのか」という質問です。

生活費に充てる資産については前項の定口法で自然に保有口数が減っていくのに任せればいいので、特に「何歳まで」と決める必要はありません。ただし、それとは別にご自分の意思で、余裕資金で投資を行っている場合は悩ましいところです。老化のスピードは人それぞれですし、高齢投資家の中には「投資が生きがい」という方もいらっしゃいます。

私は、こうした投資についても**「運用しながら少しずつ取り崩していく」**のがいいと思います。平均余命が延びているとはいえ、70代後半になると、認知症の有病率が70代前半の3倍に跳ね上がります。結果として、投資先を選択する際にも証券会社の営業員に勧められるまま購入してしまう高齢投資家がいらっしゃいます。

これでは、「自分の意思で投資している」とは言えないでしょう。

最近は、「定期解約」に対応する金融機関も増えてきました。たとえば、楽天証券は前項の3つの方法から選べます。課税口座だけでなく、NISA（少額投資非課税制度、ニーサ）口座にも対応しています。SBI証券やセゾン投信に加え、野村證券、SMBC日興証券など大手証券会社も、投資信託の自動解約サービスを提供しています（定期的に一定の金額または口数を換金し受け取ることができる）。

認知機能はある日突然ではなく徐々に低下していくものですから、60歳になったらこうしたサービスを検討して、取り崩し方法を設定しておきましょう。

定期解約サービスは、一度決めたらずっと同じ方法ではなく、途中でも変更できます。60代は「定率解約」をし、70代は「定口解約」をするという方法も考えられます。基準価額が下がっているときに多くの口数が解約されてしまう「定額解約」は避けましょう。

POINT／**証券会社の自動解約サービスを利用する**

79 相続した空き家は放置すべからず！

Check Check Check

空き家問題が深刻化しています。空き家の件数は全国で846万戸を数え、**空き家率は13・55%にも上っています**（2018年）。人が住まなくなった家は急速に劣化し、倒壊したり、害獣のすみかと化したりして近所迷惑になることもしばしばです。そうした放置空き家対策として、2015年には「空き家対策特別措置法」が施行され、自治体が建物の撤去や修繕などに行政権を発動できるようになっています。

当然ですが、こうした空き家は**放置している間も固定資産税がかかります。**相続したら間を置かずに売るのか、貸すのか、他の活用の道を探るのか、決断することが大切です。

売ったり貸したりするのであれば、自治体が運営する「空き家バンク」に登録するのがいいでしょう。物件情報がウェブサイトに掲載され、物件を探している人とマッチングしてもらえます。空き家を借り上げて、サブリースしてくれる仕組みもあります。一般社団法人移住・住みかえ支援機構（JTI）やNPO（特定非営利活動）法人の空家・空地管理センターなどが扱っています。

自治体やNPO法人などが、**地域住民の憩いの場や介護施設といった公共性の高い事業への活用を推進**している場合もあります。たとえば、国内の自治体で最多の空き家を抱える東京都世田谷区は、高齢者向けのデイサービスや障がい者のグループホームなど地域貢献のために空き家を活用したい団体とオーナーとをつなぐ事業を展開しています。

ただ、現在空き家となっている家の大半は1981年以前の旧耐震基準の物件で、売るにせよ貸すにせよ、解体や補修が必要となるかもしれません。木造住宅を解体して更地にする場合は平均で100万円程度の費用がかかりますが、**全国で約800の自治体には解体費を補助する助成金制度**があります。島根県雲南市を例に取ると、解体工事費の約23％、上限40万円（1000円未満切り捨て）まで補助してもらえます。

空き家の心配は実家の相続だけにとどまりません。**持ち家の方なら、将来子どもが住まなければ、自宅も空き家になる可能性**があります。自宅を含めた対策が必要です。

POINT **さまざまな選択肢があり、補助金制度もある**

80 親からの相続も受け取り方を考えておく

Check Check Check

親の持ち家が地価の高いエリアにある人は不動産の評価額が想像以上に高くなる可能性があり、**ノープランで相続に直面すると、みすみす高い相続税を払うことになりがちです。**

実家の不動産評価額を大きく下げる手段に、「小規模宅地等の特例」があります。一定の条件を満たせば、330㎡までの宅地の評価額を2割に圧縮できます。この特例が使えるのは原則相続発生時点で同居していた親族ですが、**親が独居だった場合は「3年以内に自分や3親等以内の親族が所有する家に住んだことがない」**子も適用できます。きょうだいに該当者がいるなら、相続税節税の観点からはその人が実家を相続するのが有利です。

この場合、他のきょうだいは代わりに金融資産を多めに受け取るなど事前に遺産分割の計画を立て、きょうだい間で共有しておくといいでしょう。

POINT **「小規模宅地等の特例」の検討など事前対策が重要**

第5章

柔軟に働く!

81 FIREは「天職」に出逢う契機

私は、人の働き方は3通りあると考えています。

1つは、生活していくため、家族を養うためにお金を稼ぐ手段としての「労働」です。

さらに、2つ目がビジネスパーソンの「キャリア」です。キャリアは必ずしも仕事だけを指すのではなく、家庭や地域、学校なども含めた活動の中で自分が果たす役割を意味します。1950年代に活躍した米国の教育学者ドナルド・E・スーパー氏は、「キャリアは人生における特定の年齢と場面における様々な役割の組み合わせである」として、キャリアを構成する9つのライフロールの重なり合いを虹にたとえ、「キャリアの虹」をコンセプトマップで説明しています。一般に「ライフキャリア・レインボー」理論として知られるものです。

そして、最後の1つが、その仕事が大好きで働くことを心から楽しめる「天職」です。米イェール大学経営大学院のエイミー・レズネスキー教授は「人々が人生から得ている満足感の大小は、彼らが自分の仕事をどう見ているかに大きく依存している」と話しています。レ

Check Check Check

ズネスキー教授は、ミシガン大学のジェーン・E・ダットン名誉教授と共に、「職種を問わず、仕事に対する本人の意識と行動を変えることができれば、仕事が好きになり、満足感が持てる」という「ジョブ・クラフティング」理論を提唱しています。

ちなみに、雇用状況と幸福度の関係を調べた英国の国家調査（2011〜2012年）では、「今の仕事に満足せず他の仕事に就きたいと考えている就業者の幸福度は、失業した人の幸福度よりも低い」という結果が出ています。

ライトFIREを通して、「労働」や「キャリア」を3つ目の「天職」に変えることを考えましょう。今の仕事を楽しんでいる人なら、徐々にペースダウンしながらその仕事を天職にすることも可能です。

私は、**不確実で短期的な投資の収入を当てにするよりも天職で働き続けることのほうが人生の幸福度は高まる**と思います。いくら天職でも病気になったら働けませんから、心身の健康をキープしつつ、無理のないペースで仕事をしていくことを考えましょう。

POINT／**「労働」や「キャリア」を「天職」に変えよう**

82 「FIREした後は自由に柔軟に働く」のがライトFIRE

Check Check Check

ライトFIRE後に向けては、今からおおまかに「どうやって稼ぐか」というプランを立てておく必要があります。

ここまでの章の中で基本生活費を手当てする方法について言及してきましたから、それにより、収入に縛られない仕事探しができる前提でお話ししましょう。

ライトFIREを機に、現在の**「お金のために自由が制約されている」状態から、「好きなことがお金にもなる（フローFIRE）」状態へと変えていく**ことを考えます。

具体的には、働くのが楽しい仕事、継続するのが苦にならない仕事を見つけていくのが一番です。

しかし、人によっては「なかなかそういう仕事に巡り合えない」という方もいらっしゃるかもしれません。その場合は、少なくとも「嫌」でなければいいのです。

ただ、いくら好きな仕事でも、ずっと同じことを続けていくのはなかなか難しいものです。

人間ですから、長くやっているうちに飽きてしまうのは自然なことです。

飽きてしまうと惰性で働くようになり、仕事の効率も落ちます。そもそも、せっかくライトFIREをしたのに、人生が楽しく感じられなくなります。

ですから、**少しずつ仕事に変化をつけていく**ことがお勧めです。データに強い人なら、仕事関連のデータを比較・分析してSNSにアップするなど、やり方はいろいろあるでしょう。それが次の仕事のきっかけになるかもしれません。

コロナ禍で世界が大きく変わってしまったように、**10年後の世界がどうなるかなど誰も予測できません。**5年後、10年後といった先のことまで決めておくのではなく、その時々の状況に応じて臨機応変に違う仕事に移ればいいといった考え方でやっていくことが大切です。

仕事選びは柔軟性（フレキシビリティ）を第一に考えましょう。

POINT／**好きなことがお金になる「フローFIRE」を目指す**

83 「会社に属すること」だけが働くことではない

Check Check Check

ずっと組織の中で働いてきた方だと、会社を離れた自分の姿があまりイメージできないかもしれません。

ですが、「会社に属すること」と「仕事をすること」は決してイコールではありません。

たとえば、翻訳やコンサルなどの副業をされている方ならそれを本業にするとか、フリーランスになるといった選択肢もありますし、会社とつながっていたいと考えるなら、経理や総務などの事務手続き、広報誌の下請けなど正社員の業務の隙間を埋めるような仕事をする方法もあるでしょう。このようなビジネス系フリーランスは、高いスキルと専門性があるので企業にとっても育成の必要がなく即戦力となるため、貴重な存在です。

長年研究開発などに携わってきて特定分野の専門知識やビジネスプランをお持ちの方は、ＦＩＲＥを機に〝プチ起業〟も可能かもしれません。

他にも、投資などですでに十分なＦＩＲＥ資金を得ていて、「ＦＩＲＥ後は収入よりもやりがい」と、NPO(特定非営利活動)法人で働いたり、ボランティア活動に精を出したりしている方もいらっしゃいます。

このように、むしろ**会社にこだわらなければ、働き方の選択肢がぐんと広がります。**最近は仕事の種類も豊富になりました。スケジュールや納期を守る自主管理能力と責任感、相手の利益(プラス)になることができる専門性、コミュニケーション能力は必須ですが、それがあれば、働き方も週に何日、1日何時間、不定期、在宅など選ぶことができるでしょう。

ライトFIREを考え始めたら、**社外の友人や知人と交流する機会を増やして情報収集し**たり、転職サイトをチェックするなど、会社の外の世界にも積極的に目を向けてみることがお勧めです。

POINT **それでも会社とつながっていたいなら〝隙間を埋める仕事〟を**

84 「自分マーケティング」をしてみる

Check Check Check

覚悟を決めＦＩＲＥするのだから、何か新しい分野の仕事にチャレンジしたいと考えている方もいるかもしれません。

そんな方にお勧めしたいのが、「自分マーケティング」です。

ビジネスパーソンは社会情勢に敏感ですから、ご自分のアンテナを生かしてニッチな分野を洗い出し、景気に左右されないようなビジネスを探してみましょう。

そうした中から、**自分の強みを生かし、性格やライフスタイルに合った分野**を選ぶのがお勧めです。私の知人には、大手食品会社を退職後、趣味のＤＩＹの知見を生かして大手雑貨店のアドバイザーになった人がいます。

自分マーケティングの鍵を握るのが、自分を知ることです。他人のことは冷静に見られても、意外と皆さん、自分を客観的に評価するのは苦手です。

そこで、まずは**これまでの仕事を〝棚卸し〟**してみましょう。

成功したプロジェクト、表彰歴、仕事をしていてうれしかったこと、そして、これまで頑張ってきたことや得意な仕事内容などをピックアップしていくのです。そして、その中から、**時代が変わっても通用するスキル、なくならないスキル**を残し、今自分に何ができるか、何が好きかを検討します。必ずしも、1つに絞る必要はありません。

仕事の怖さを知るベテランほど、新しい仕事を始めるに当たっては不安になるものです。しかし、仕事の依頼が来たら、「私で大丈夫でしょうか？」と考えるのはやめましょう。わからないことはその道の専門家に聞けばいいのですし、マンパワーが足りなければ外注したり、チームを組んだりして対応することも可能です。ただし、税金や相続などに関わる業務は弁護士や税理士などの専門家と組まないと知らないうちに法律違反になるといった場合もあるので、注意が必要です。

試行錯誤しながら件数をこなしているうちに「できること」「できたらいいこと」が増えてくるはずです。

POINT **仕事の依頼に「私で大丈夫ですか？」は厳禁**

Check Check Check

85 自分1人で働くのが長続きのコツ

ライトＦＩＲＥ後の働き方は、「細く&長く」をお勧めします。

仕事は身軽なのが一番ですから、事業を営む場合も自宅をベースにするなど、コストがかからないやり方でスタートしたいものです。

家賃や光熱費、設備費、仕入れ代などの事業経費の中でも、〝最大の固定費〟となるのが人件費です。

会社員時代の仕事のやり方の延長で、「まずは最低限のスタッフを揃えたい」と考えるかもしれません。しかし、ビジネスが軌道に乗るまでには時間がかかることもあります。その間、スタッフを無償で働かせるわけにはいきません。ビジネスや仕事においては違法になります。

ビジネスを立ち上げる際は、基本的に自分1人、誰かに手伝ってもらう場合も配偶者など家族に限定しておくのが賢明です。

さらに、カフェや土産物店の経営など**資本や初期投資が必要な仕事は、やめておくのが無難です。**「投資した資金を回収しないと」というプレッシャーがかかると、FIREのメンタリティになれないからです。

1人でもできる仕事を選び、うまくいかなければ別の仕事をすればいいといった気楽なスタンスで取り組むことが大切です。

「天職」を見つけたいと思うなら、最初はやりたかった仕事に応募したり、自分で少しずつ始めてみたりしてはいかがでしょうか。その中で、自分の性格やライフスタイルに合う仕事、これなら長く続けていけそうだと思う仕事が2、3見つかったら、それらを並行しながら続けていくのがいいでしょう。

POINT／**やりたかった1人仕事に挑戦し、自分に合った2〜3に絞る**

86

50代なら「お金」ではなく「人」が財産になる

Check Check Check

ＦＩＲＥ後の仕事においては、「お金」でなく「人」が財産と考えてください。

会社を離れた後は、会社員時代とは異なる、**地域や仕事の世界で新しい人間関係を築いていくことが必要になります。**

必然的に、自分より一回りも二回りも若い人たちとの交流が増えます。若い人たちと仲良くなって、自分が詳しくない分野については謙虚に教えてもらいましょう。

私自身も経験がありますが、若い人との交流は楽しく、刺激になりますし、そこで吸収したＩＴや若者文化に関する知識や情報は後々仕事で大いに役立っています。

これに対し、シニアの男性に散見されるのが、固定観念や会社員時代の役職などにとらわれ、若い人たちに対してオープンマインドになれない方々です。

自分から壁をつくってせっかくのチャンスを生かせないのは、もったいないですね。

私は人脈を広げるために**キャリアプロフィールアプリを活用**しています。そして、誰かの名刺を取り込んだ際には、必ずメモを書いておきます。この人とはどんな仕事ができそうとか、次に会ったときの話題になりそうな出身地や家族のこと、おしゃれな人だったらファッションのこと、サッカーが好きなことなど、ネット検索では出てこない情報を重視しています。このメモは、なかなか重宝します。

人脈は広ければ広いほどいいのですが、中には苦手だなと感じる人もいます。そうした場合は、相手に悪い印象を与えないようにしながら距離を置くようにしています。

会社員時代は会社が守ってくれる部分が大きいと思いますが、会社を離れてしまえばすべて自分の責任です。しかし、広い人脈があれば何か新しいことを始めようとしたときに役立つだけでなく、**困ったときにも助け合えます。**

POINT／**若い人と仲良くなって苦手な分野の知識・情報をもらう**

87 FIRE後をにらんで副業（複業）で稼ぐ

Check Check Check

ライトFIREを見据えて本業以外の副業を考えるとき、私がお勧めしたいのが〝複業（パラレルキャリア）〟を持つことです。

私自身、**30年以上にわたって社会保険労務士とファイナンシャルプランナーの複業をしてきました。**

最初に興味を抱いたのは社会保険労務士のほうです。高齢化社会の到来を控え、年金について知識を深めたいと考えたのがきっかけでした。そうしたニーズに該当する国家資格が社会保険労務士だったのです。当時、医療費のレセプト計算をするアルバイトをしており、年金額のシミュレーションのような細かい計算をするのがまったく苦にならない性格であることも自覚していました。

そうして社会保険労務士になったものの、その頃の年金相談と言えば「これまでの労働でどれくらいの年金がもらえるのか」といった内容ばかり。それだけでは面白くないと思い、老後のためのお金をどうやって増やすのか、将来どうやって働くのかなども含めて総合的にアドバイスできるようになりたくて、ファイナンシャルプランナーやキャリアコンサルタントの資格を取得しました。

おかげで、景気が良いときには資産運用をしたいと考える人が多くなってファイナンシャルプランナーの仕事が増え、逆に不景気のときには雇用の見直しなどで社会保険労務士の仕事が増えるなど、**結果的に、あまり景気の影響を受けずに済んでいます。**私自身は自分が生活する上で必要なものを仕事にしてきたわけですが、仕事によっては景気に大きく左右されるため、どんな時代になろうとニーズがある仕事を取り入れておくことが大切かと思います。

加えて、投資だけでなく副業も「分散」することが仕事のリスクヘッジにつながります。また、掛け持ちしている**複数の仕事が、人脈などの面でシナジー効果を生み出す**ことも期待できます。ただし、複業により負担が増えることになるため、時間や健康、業務などのセルフマネジメントが大切になります。

POINT／**副業も分散することがリスクヘッジになる**

88 会社員のメリットとデメリット

Check Check Check

読者の中には現役会社員の方が多いことと思います。

ライトＦＩＲＥで別の会社に転職する方もいらっしゃるかもしれませんが、多くは会社員とは別の道を考えているのではないでしょうか？

その前に必ず確認しておきたいのが、ＦＩＲＥで手放すことになる「会社での保障」です。**会社員時代は無自覚に享受してきた保障がなくなることで生活に支障を来す可能性**もあり、場合によってはＦＩＲＥ後に備えて何らかの対策が必要になるかもしれないからです。

そこで、この項では会社員のメリットとデメリットについてお話ししましょう。

まず、**手厚い保障**は会社員の大きなメリットです。

「健康保険」「介護保険」「厚生年金」「雇用保険」「労災保険」という5つの社会保険に加入していて、しかもその保険料は、健康保険や介護保険、厚生年金が会社と折半、雇用保険は会社が多め、労災保険に至っては会社が全額負担しています。

会社に勤務していれば、納税の手続き（年末調整）も会社がしてくれます。ただし、その年の給与収入が2000万円を超える会社員は、年末調整をしても自分で確定申告する必要がありますが。

収入が安定していて、**「会社の名前で仕事ができる」**のも会社員のメリットではないでしょうか。

これに対し、会社員には、**会社の規則に縛られる、仕事や勤務場所を選べない、仕事量が増えても必ずしも給与に反映されない**、といったデメリットもあります。

また、税務署による個人の収入の把握のしやすさが「会社員十（とお）・自営業者五（ご）」と言われているように、会社員は収入が「ガラス張り」だけに重税感を感じやすい面もあるでしょう。

POINT／**手厚い社会保障と安定した収入が得られる**

89 フリーランスのメリットとデメリット

Check Check Check

ライトFIREを考える多くの方が目標としているのが、ワークライフバランスを重視して、フリーランスとして自由に働くことではないでしょうか。しかし、現役会社員の中でフリーランス経験のある方は少数派でしょうから、大半は「FIREでフリーランスデビュー」となりそうです。

そこで、前項の「会社員のメリットとデメリット」に続き、本項では「フリーランスのメリットとデメリット」についても言及しておきましょう。

フリーランスの最大のメリットは、会社員に比べて**仕事や仕事をする場所の選択の自由度が高いこと**です。

半面、経済情勢や取引先の業績などによって**収入が不安定**になることもあります。

また、フリーランスは自分で年間の売り上げや経費を計算して、税務署に確定申告をする必要があります。ただし、申告の際は会社員に比べて仕事の経費が認められやすく、さらに青色申告にすれば赤字を３年間繰り越せます。

これに対し、フリーランスのデメリットとして特に知っておきたいのが社会保険です。

フリーランスの社会保険は、加入が義務づけられている「国民健康保険」「介護保険」「国民年金」の３つだけ。**保険料も全額自己負担**となります。「雇用保険」や「労災保険」には原則入ることができませんから、仕事がなくなったり、ケガや病気で働けなくなったりしても**公的な保障はない**のです。就業不能となったときの収入減や無収入に備えておく必要があります。

序章でお話ししたＦＩＲＥの３つの原則を守っていたとしても、何が起こるかわからないのが人生です。**社会保険は空気のようなもので、なくなって困ったときに初めて、そのありがたみがわかる**のです。

ただ、幸いなことに日本には全国民が使えるセーフティネットが多数用意されています。ＦＩＲＥ後に備え、今からセーフティネットの種類や内容を確認しておくと安心です。

POINT　青色申告にすれば赤字を３年間繰り越せる

90 FIREに役立つ資格とは？

Check Check Check

テクノロジーの急速な進化により私たちを取り巻く状況は複雑化し、さらに、環境問題や世界情勢など将来の予測が困難な時代になっています。ビジネスの世界では、「VUCA（ブーカ）時代」という言葉がよく使われます。Vは「ボラティリティ（変動性）」で、たとえば今は、SNSの台頭により営業マーケティングの手法などが大きく変動しています。Uは「アンサーティンティ（不確実性）」、企業では副業容認や在宅勤務が進むなど世の中の変化の予測が立てづらい状況を指します。Cは「コンプレキシティ（複雑性）」で、空き家を貸し出すビジネスにさまざまな業種の事業者が参入するなど問題が複雑に絡み合う社会構造などが挙げられます。Aは「アンビグイティ（曖昧性）」で、社会課題の絶対的な解決方法が見つからないといった不安な状況のことです。

こうしたVUCA時代に、日本の企業は人材マネジメントを従来の「長期安定雇用」から「戦略に合わせた柔軟な活用」へとアップデートしてきています。そのような状況下でFI

REした人が使える資格は何かと考えたとき、私がお勧めしたいのはコンサル業務を行う税理士や社会保険労務士、ファイナンシャルプランナー、宅地建物取引士などに加えて、マンション管理組合の立場から助言を行うマンション管理士といった「人と関わる資格」です。どんなにＩＴが進化しようと、コンサルのように人と直接関わる業務を行う資格のニーズが激減する状況は考えづらいからです。

そして、人と関わる資格を活用する上で重要なのが、「自分と異なる価値観や考え方を受け入れ、コミュニケーションを取っていく能力」です。コミュニケーション能力は、ＶＵＣＡ時代を生き抜く鍵の１つでしょう。

逆に、バックグラウンドがはっきりしない民間資格（一般社団法人に多い）はやめておくのが賢明です。仕事関係でも時々この手の民間資格を名刺やプロフィールにたくさん並べている方とお会いすることがありますが、資格自体何ができるかを示すものではないので、果たしてその方が信用するに値するのかどうか、判断に迷ってしまいます。

POINT

ＶＵＣＡ時代に有効なのは「人と関わる資格」

91 資格は「取得」がゴールではない

Check Check Check

私は、社会保険労務士やファイナンシャルプランナー（CFP®）に加えて、違う分野の資格もいくつか持っています。もともと資格に向けた勉強をするのが好きなのですが、今思うと、そうした経験は確実に自分の人生に役立っています。**特定分野の詳しい知識が得られ、日常生活を送る上でも知らないがゆえの失敗が減るからです。**

たとえば、宅地建物取引士の受験勉強をしたことで、不動産を売却する際に仲介業者と「専任媒介契約（依頼者が売却活動を1つの業者に一任する契約形式）」を結ぶメリットやデメリットを理解していますし、不動産の「重要事項説明書」を受け取ったときにチェックすべき部分もわかるので、肝心なことを見逃したり、業者の言うがままになったりすることがありません。一から説明してもらう必要がないため、業者とのやり取りも大変スムーズです。

医療事務や栄養士の知識も、日常生活で大いに役立っています。医療事務の勉強をしたのは何十年も前ですが、そのときの知識でも、病院で出される薬や勧められた検査などについて担当医にある程度専門的な質問などができます。私は治療方針を医師任せにしたくないタイプなので、その都度、納得がいくまで説明が受けられます。栄養士の資格も同様で、私が受験勉強をした頃とは栄養価が変わったり、新しい食材が増えたりしていますが、栄養学の基本は変わりませんから、毎日の食事の栄養バランスや添加物などをチェックすることにより健康が維持され、これまで大きな病気にかかったことがありません。

気をつけたいのは、資格試験に合格しただけで満足してしまうことです。猛勉強したからこそ達成感が大きいのでしょうが、たとえば「士業」と呼ばれる資格は法律で業務内容が定められているように、資格はあなたがどんなことができるのかを示す証明書に過ぎません。

資格を使って仕事をしていこうと考えるなら、最初はどこかの事務所に所属して経験を積んだ後に独立するといった開業プランを立てるとか、パラレルキャリアで独自の助言をするなど**自分の差別化ポイントを明確にしていく必要があります**。その意味で、資格取得はむしろ出発点と言えるでしょう。

POINT／**仕事に生かすならむしろ〝合格後〟が大事**

Check Check Check

92 専業主婦が資格取得を目指すなら？

夫のライトＦＩＲＥに合わせて、「私も何かに挑戦したい」と考える専業主婦の方もいるのではないでしょうか。

妻の収入が上乗せされれば、それだけＦＩＲＥ後の家計も安泰になります。

ただし、２０１５年の「女性活躍推進法」施行以降、女性の社会参加や管理職登用などの機会は拡大してきてはいるものの、いざ専業主婦が働こうとすると、パートタイムの仕事や、非正規の立場で事務職に就いたり工場で働いたりするといった、旧態依然たる選択肢になってしまうのが現実です。

それが嫌なら、時間がある今のうちに資格の取得や勉強をしておき、それを生かすこともできます。私のお勧めは主婦の**人生経験を生かせる人と関わる仕事**です。具体的には、保育士や介護福祉士、４年ほど時間がかかりますが管理栄養士や社会福祉士などが挙げられます。

仕事を探すにせよ、資格取得を目指すにせよ、やろうと決めたら、「迷うより行動」が大切です。

まずは、**地域でどんなニーズがありそうかを「観察」**しましょう。ウイークデイと週末とで、街を歩いてお店の変化などをチェックしてみます。

私の地元の神戸市だと、専門書を扱う中古書店が増えてきて、それらのオーナーは若い人が多く、定期的にライブを開催するなど地域コミュニティの担い手になっています。私が専業主婦で再就職を目指している立場だとしたら、こうしたお店の仕事からスタートしていくのも刺激が得られて楽しそうだと思います。

観察したら、**その結果を基に「状況判断」**をします。これはなかなか難しいのですが、働いて得られる収入の多寡でなく「ここだから働きたい」「自分でなきゃダメ」といった視点で判断しましょう。ここでも鍵を握るのは、お金より「人」ということになりそうです。

状況判断ができたら「意思決定」をして、意思が明確なうちに、できるだけ早く「実行」に移しましょう。

POINT／**資格取得なら保育士や介護福祉士、管理栄養士、社会福祉士などがお勧め**

93 ネット上の仕事は自由度が高い

Check Check Check

自由度の高さという観点から検討したいのが、ネットを活用するビジネスです。

会社員経験者が利用しやすいビジネス形態としては「クラウドソーシング」が挙げられます。これは、企業などの発注者がネットを介して不特定多数の相手に仕事を依頼したり、企画のアイデアを募ったりするものです。好きなときにできる範囲の仕事を選べますし、打ち合わせやそれに伴う場所の移動も不要です。

実際にクラウドソーシングで募集されている仕事は、アンケートやデータ入力といったあまり専門性を必要としないものから、ライティング、翻訳、ウェブ営業、ウェブデザイン、データ分析、システム開発、コンサルなど多岐にわたります。中には、会社員時代の勝手知ったる業務もあるかもしれません。

クラウドソーシングの利用者の平均月収は5万円程度と言われますが、中には**月30万円以上稼いでいる猛者**もいるようです。

一方で、FIREを機に自分のライフスタイルをブログや動画で積極的に発信したいと考えている人もいるかもしれません。そうした方なら、ブロガーやユーチューバーとしての活動で収入を得ることもできそうです。ライブ配信を行う「ライバー」には、配信内容に共感した人やファンによる「投げ銭（コンテンツに対して送金するシステム）」で稼いでいる人もいます。ただ、収入格差の大きい世界でもあり、**「PVやフォロワーが増えればラッキー」と、お小遣い稼ぎ程度**に考えておきましょう。

PVやフォロワーが増えてきた場合は、アフィリエイト（ネットの成果報酬型広告）で稼ぐという選択肢も生まれます。ただ、この場合はアプリケーションサービスプロバイダーとの契約金（数万円）などイニシャルコストがかかるため、費用対効果を検討してから始めるのがいいでしょう。

次々と新しい配信方法が登場している分野でもあり、コンテンツ配信で収入を得ていきたいと考えるなら、配信技術の動向を注視しながら、長期的な戦略を立てることが重要です。

POINT

会社員経験者には「クラウドソーシング」がお勧め

94 FIREだからこそできる期限付きワーク

Check Check Check

コロナ禍でリモートワークが一気に普及したことにより、会社員も、自宅やコワーキングスペースなどで自由に仕事ができるようになっています。いつもの仕事場と違うところに身を置くだけでも、気持ちがリフレッシュされ、新しいアイデアが浮かんできたりするものです。これが、「マインドリセット効果」です。

会社員時代とは種類や趣が違う仕事に挑戦できるのもFIREの特権。本格的に、期間限定でまったく違う仕事にチャレンジして、マインドリセットするのも一法でしょう。

自然や生き物を愛する方にお勧めしたいのが、第1次産業の期間を区切った「季節労働」です。

農業、畜産業、漁業、養蚕業などの現場で短期労働者の募集が増えています。シニアや初心者も歓迎されるようです。

大自然の中での仕事はリフレッシュ感や達成感が得やすい半面、朝早くから稼働し力仕事も少なくないため、慣れない方にはこうした〝短期集中型〟のほうがチャレンジしやすいでしょう。住み込みで食事付きの案件が多く、集中して稼ぐこともできます。

かつての「日雇い仕事」も「ワンデーワーク」と称されるようになり、映画やドラマのエキストラ、試験監督、イベントスタッフなど職種も拡大しています。

季節労働やワンデーワークは、いわば、「お試し期間」です。自分がその仕事が嫌でないか、楽しく取り組めるかは、体験することで初めてわかるもの。

FIREしたら、マインドリセットも兼ねて、こうした**期限付きワークで「一度やってみたかったこと」にチャレンジ**してはいかがでしょうか？

POINT／**シニアや初心者も歓迎される農家や畜産農家の季節労働**

95 海外で働ければ人生の選択肢も広がる

Check Check Check

私が理想とするFIREの形の1つが、昭和世代にはお馴染みの、テレビタレントで元参議院議員の故・大橋巨泉氏のような、日本と海外を行ったり来たりする暮らし方です。巨泉氏は生前、春と秋は国内の自宅で、夏は涼しいカナダ、冬は南半球のオーストラリアやニュージーランドで過ごしていらっしゃいました。**気候のいい場所を選んで渡り鳥のように居住地を変えられた**のは、巨泉氏が50代で仕事や場所に縛られる生活に別れを告げ、「セミリタイア生活」に入っていたからです。

今から30年以上前にセミリタイアを実現した巨泉氏こそ、実は、**ライトFIREのはしり**と言えるかもしれません。

ひと昔前なら、「海外は物価も安いし暮らしやすい」場所でしたが、今は日本円の価値が相対的に下がってきています。巨泉氏のように日本と海外を行き来するにしても、海外滞在中には何かしら収入を得る手段を確保しておきたいところです。

ただ、海外で働く場合は就労ビザの取得が前提となり、欧米の先進国はビザ取得のハードルが高いのがネックです。私がお勧めしたいのは、文化的にも近く、食や生活習慣も日本と共通する部分の多いアジア諸国です。**アジアで英語がある程度通じる地域なら、日本人でも暮らしやすい**のではないかと思います。

気をつけたいのは、**就労ビザの取得に際して国によっては年齢制限や職種制限、雇用主からの申請が必要などの要件があること**です。また、タイや台湾などでは就労ビザに加えてワークパーミット（労働許可証）を取得する必要があります。

では、実際の求人はどうなのかと言えば、シニア層であっても、技術職、調理師といった特定の分野で資格やスキルを持つ人には就労のチャンスがあるようです。そうでなくても、日系企業（現地法人）で働いたり、日本語教師の資格を取得して現地で日本語を教えたりすることも可能です。

POINT／**働きながら巨泉氏流の「日本と海外を行き来する生活」**

96 「職探し」はハローワークに頼るな

Check Check Check

厚生労働省の高年齢雇用者に関する調査などによると、働くシニア層の場合、どうやって職探しをしたかというと〝縁故採用〟が圧倒的です。会社員時代の仕事関係者や親戚、知人、友人などに相談した、紹介を受けたという方が多いのです。

確かに、こうした方々はかねての付き合いを通してあなたのことを理解していますし、互いの信頼関係が築かれていますから、あなたに向いていると判断した仕事を紹介してくれる可能性が高いでしょう。

仕事探しの第一歩としては、「こんな仕事をしたい」「こんなことを勉強している」と周囲に伝えることから始めるのがいいでしょう。

逆に、**誰でも使える仕組み（ハローワーク）は〝最後の砦〟**と考えてください。

ハローワークは企業にとっても便利な仕組みですから、ハローワークのお得意さん的な企業だと「社員が辞めたらハローワーク」と気軽に求人を出しているところも多いように見受けられます。そうした〝顔の見えない求人〟の中に、あなたが求めるスペシャルワンの仕事があるのかどうかは正直疑問です。

私自身は、ハローワークのように規模の大きい求人システムには、あまり頼らないほうがいいと思います。

といっても、ハローワークが良くないと言っているわけではありません。全国的な組織ですし、データの宝庫でもありますから、仕事探しの一環で求人のトレンドを調べるために求人情報を検索する、といった使い方をするにはうってつけでしょう。

POINT
仕事探しの第一歩は、周囲に自分のやりたいことを伝えること

97 ハローワークのキャリア相談は参考になる

Check Check Check

ハローワークは「データの宝庫」と言いましたが、他にもお得なサービスがあります。特にお勧めしたいのが、ＧＡＴＢ（一般職業適性検査）、ＶＰＩ（職業興味検査）などの**適職診断やキャリアコンサルティングが無料で受けられる**ことです（一部のハローワークで実施）。

適職診断は、自費で受けると数千円かかります。また、キャリアコンサルタントによるコンサルティングでは、「これまで自分が認識していなかった新たな可能性に気づくことができた」という方も多いです。ただし、一般にコンサルタントは「傾聴すること」を重視し、なかなか具体的な「解」を示してはくれません。

面談を通して自分で頭の中を整理し、新たな気づきを仕事選びに反映していく自主性がないと、せっかくのコンサルティングも時間の無駄に終わってしまうので、ご注意ください。

POINT **「気づき」を与えてくれるが「解」を示すわけではない**

98 失敗は「転んでもただで起きない」チャンス

Check Check Check

私は、その日にあったチャンスをノートに書き留めています。チャンスには3つの種類があります。①誰が見ても明らかなチャンス、②些細なことだが大きな可能性が見いだせるチャンス、そして、③仕事上の失敗などネガティブな心境になる出来事です。失敗は、「転んでもただでは起きない」姿勢を実践するチャンスなのです。

ＦＩＲＥ後に新しく始めた仕事で失敗しても、リカバリーできることなら問題ありません。大事なのは、素早く、率直におわびをすることです。言い訳をする・間違いを認めない・人のせいにするのは厳禁。こうした態度だと「もうこの人とは仕事をしたくない」と思われてしまいます。**ネガティブな出来事も冷静に書き留めることで不思議と心が落ち着きます。**また、ノートに書いたことは覚えているので、同じ失敗も減ります。

POINT／**言い訳や人のせいにする態度は信頼を失う**

99 「選ばれる人」になるためには？

Check Check Check

私が取引先と仕事をする上でいつも心掛けているのは、①元気良く、②スピーディに、③目標が決まっているなら相手の仕事がはかどるように配慮しながら行動することです。取材を受ける際は、難しいテーマを扱うことも多いので、1件ごとに取材メモを作成してお渡ししています。

私と同じような分野で活動する専門家はたくさんいます。その中から次もご依頼いただくためには、小回りが利いて、取引先に「井戸さんとだと仕事がしやすい」と思っていただくことが大切です。

最近はリモートやメールでのやり取りが増えたため、話し方や書き方が重要と思い、『伝え方が9割』（ダイヤモンド社）の著者であるコピーライターの佐々木圭一氏のセミナーを受講するなど、自分なりにいろいろ勉強しました。実際に同じことを伝えるにも、伝え方によって相手の印象は大きく変わります。

一例を挙げると、会社員時代の習慣でリポートのような漢字ばかりの文章を書きがちな方は、意識的にひらがなを多くして、カギカッコを多用することで読んでもらいやすい文章になります。

また、相手に「イエス」をもらうには、お願い1つとっても、相手が何を考えているかを想像しながら、相手の利益と一致する頼み方をするのが有効です。たとえば、企画書の作成を頼む場合は、「あなたの企画書が心に響くんです。悪いけどお願いできますか？」という具合です。

私は、こうしたアプローチを自分なりに楽しみながらやっています。**FIREした後の仕事はお金を貯めることが目的ではありません。面白いからこそ、長く続けていけるのです。**

POINT／**リモートやメールでは「伝え方」が大事**

100 「ひがむな・ひるむな・引っ張るな」の精神が大切

Check Check Check

ライトFIREを楽しむためには、「ひがむな・ひるむな・引っ張るな」という「3つのひ」の精神を持ち続けることが大切です。

たとえば、同時期に地方移住した人が地域に溶け込み楽しそうに暮らしている姿をSNSで見て、心が痛むことがあるかもしれません。しかし、そこでひがんではダメです。かと言って、「自分は無理」とひるむのもよくありません。もっといけないのが、「あの人は大した能力もないのに要領だけはいいから」と悪口を言って、人の足を引っ張ることです。

人と自分を比べてばかりいると、ひがみやひるみにつながります。マイペースで我が道を行きましょう。ライトFIREで大切なのは「人（ひと）」です。「3つのひ」に人を加えた「4つのひ」を大事にして、人脈を広げ、自由な暮らしを楽しんじゃいましょう。

POINT **人と自分を比べるのでなく、我が道を行く**

巻末資料

100項目のポイントリストと反復チェック

	項目	ポイント	Check	メモ欄
1	電気・ガス料金見直し	電力のセットプランは家庭に合ったものを探す	☑☑☑	
2	車や家具はリースを活用	自動車税や自動車保険の負担がなくなる	☑☑☑	
3	マイナンバーカード	健康保険証登録をすれば医療費控除の申告がラクに	☑☑☑	
4	キャッシュレス貯金	自動貯金アプリで楽しくお金が貯まる	☑☑☑	
5	“ほどよいポイ活”	「ポイント○倍デー」に集中して買う	☑☑☑	
6	シェアハウスの利用	住居費カットのため期間限定で住んでみる	☑☑☑	
7	時間外手数料に注意	ATMや医療機関は手数料や時間外加算がかからない時間に	☑☑☑	
8	デビットカードやB/43	時間・手間をかけずに変動費が確認できる	☑☑☑	
9	無駄な出費の見える化	毎日レシートを「○×方式」で査定	☑☑☑	
10	“本当の手取り”を知る	年ベースの可処分所得と支出を把握する	☑☑☑	

メモ（関連する項目番号、見直しの回数など自由に記入）

	項目	ポイント	Check	メモ欄
11	“先取り貯蓄”が有効	オリジナル家計収支図で手取りの20～25%を貯蓄	☑☑☑	
12	クレジットカードの支払い方法	残高がなかなか減らない「リボ払い」は厳禁	☑☑☑	
13	借金はなくす、減らす	お手軽ローンは高金利が後々重荷になる	☑☑☑	
14	FIREで見直したい保険	FIREする前に「医療保険」を増額しておく	☑☑☑	
15	リスク保険でカバーすべきこと	急に減らせない「住居費」と「教育費」を手当て	☑☑☑	
16	「一生モノ」に気をつける	一生モノのつもりでも結局は「有期」になる	☑☑☑	
17	買いたいモノはいくらで売れるか考える	要らないモノの“もやもやゾーン”をつくらない	☑☑☑	
18	要らないモノを高く売る方法	1つだけでなく複数の業者で査定する	☑☑☑	
19	自己資本に役立つ分野への投資	自己研鑽は何歳からでも遅くない	☑☑☑	
20	何でもやってみることが大切	一番いけないのは、やらない理由を探すこと	☑☑☑	

メモ(関連する項目番号、見直しの回数など自由に記入)

	項目	ポイント	Check	メモ欄
21	緊急資金は現金と生活費1年分	1年分の生活費があれば"想定外"の事態にも対応できる	☑☑☑	
22	預貯金に加えて"ほどよい投資"	積み立て投資なら相場の動きが気にならない	☑☑☑	
23	投資の前に知りたいリスク許容度	自分の「リスク許容度」を診断してみる	☑☑☑	
24	"ほどよい投資"成功のための3つの基本	1に長期投資、2に分散投資、3に投資を忘れること	☑☑☑	
25	自分年金づくりならiDeCo	積み立て時・運用時・受け取り時に節税効果がある	☑☑☑	
26	使い勝手のいいつみたてNISA	iDeCoとの"ダブル投資"が有効	☑☑☑	
27	投資信託はインデックス型かアクティブ型か	世界全体の株式に投資するインデックス型で成長の波に乗る	☑☑☑	
28	増やすための投資信託選び	インデックス型で運用対象が同じなら信託報酬が安いものを	☑☑☑	
29	個人資産の円安&インフレ対策	世界株式型・バランス型の投資信託なら1本でOK	☑☑☑	
30	非課税口座の活用法で生じる"利益格差"	投資するなら非課税口座からが鉄則	☑☑☑	

メモ(関連する項目番号、見直しの回数など自由に記入)

	項目	ポイント	Check	メモ欄
31	普通預金に 100 倍の金利差	ネット銀行の普通預金は高金利でお得な特典も	☑☑☑	
32	銀行の高金利預金の“セットプラン”	投資信託で元本割れの可能性がある	☑☑☑	
33	投資をしたくない人は個人向け国債	金融機関のキャンペーンに合わせて購入するとお得	☑☑☑	
34	退職金で一獲千金狙いは NG	退職金は減らさずに持っておくことが大事	☑☑☑	
35	年金の受給繰り下げで金額を増やす	90 歳まで生きるとしたら 70 歳受給開始がお得	☑☑☑	
36	2 年で元が取れる「付加年金」	会社員時代には使えないお得な年金増額法	☑☑☑	
37	高利回り外債のデフォルトリスク	お金が集まらないから高利回りになる	☑☑☑	
38	孫のための「学資保険」	保険金が払った保険料より低い“元本割れ”になっている	☑☑☑	
39	「貯蓄保険」は存在しない	保障は保険、貯蓄は貯蓄商品で分けて考える	☑☑☑	
40	使っていないモノを貸して稼ぐ	登録だけですぐできるマイカーや空き部屋の時間貸し	☑☑☑	

メモ（関連する項目番号、見直しの回数など自由に記入）

	項目	ポイント	Check	メモ欄
41	税金や社会保険料をよく知る	「情報収集」と「利用の仕方」が鍵	☑☑☑	
42	「公的保険」の給付をしっかり受け取る	公的保険を優先し、足りない分だけ民間保険を	☑☑☑	
43	保険診療の医療費は自己負担に上限あり	自己負担の限度額は所得や年齢によって異なる	☑☑☑	
44	FIREしたら使いたい自治体の健診助成	人間ドック費用の助成制度もある	☑☑☑	
45	お得な配偶者のがん検診	2年に1度、子宮頸がんや乳がんの検診を受診	☑☑☑	
46	親の介護サービス費にも還付のチャンス	1度申請すれば後は自動的に還付される	☑☑☑	
47	FIREによる公的年金の受給額の変化	簡単な数式でどれくらい減るか計算できる	☑☑☑	
48	障害年金は国民年金と厚生年金で大差	退職時に入念なメディカルチェックをしておくといい	☑☑☑	
49	遺族厚生年金は老齢厚生年金の約4分の3	FIREする際は必ず国民年金への移行手続きを行う	☑☑☑	
50	確定申告で払い過ぎた医療費を取り戻す	一部の保険外診療費用も控除の対象になる	☑☑☑	

メモ（関連する項目番号、見直しの回数など自由に記入）

	項目	ポイント	Check	メモ欄
51	シングルにお勧め“もう1つの医療費控除”	市販薬の購入費が1万2000円以上なら適用される	☑☑☑	
52	地方名産がもらえる「ふるさと納税」	退職・リタイア後も一定の所得があれば控除される	☑☑☑	
53	自治体の補助金・助成金	各省庁や自治体のサイトなどをチェックする	☑☑☑	
54	資格取得の受講料を補助する制度	教育訓練給付金は退職後も使える場合がある	☑☑☑	
55	自治体の最新健康増進施設	数百円でジムやプールが利用できる	☑☑☑	
56	実家や地方の「0円貸し家」に住む	シニア世代のマイホーム所有にはデメリットもある	☑☑☑	
57	食品ロス支援で食費をカット	自分が住むエリアで使いやすいサービスを探す	☑☑☑	
58	気になるモノを無料で使ってみる	商品モニターや「無料であげます」サイトに登録する	☑☑☑	
59	「共助」に一歩を踏み出す	困ったときは自治体などの「共助」に頼ることも検討	☑☑☑	
60	親から援助された生活資金は非課税	子どもの大学の学費を出してもらう方法もある	☑☑☑	

メモ(関連する項目番号、見直しの回数など自由に記入)

	項目	ポイント	Check	メモ欄
61	入って来るお金で一生暮らすための計画	平均寿命よりも長めに収入の受け取り方を考えておく	☑☑☑	
62	公的年金を何歳から受け取るか	増額率では70歳から72歳までの繰り下げがお得	☑☑☑	
63	加給年金の加算が受けられる人も	配偶者の加給年金額は約39万円	☑☑☑	
64	繰り下げ受給で考慮したい家庭の事情	繰り下げ方によっては加給年金が受け取れない	☑☑☑	
65	繰り上げ受給は注意が必要	障害基礎年金や寡婦年金がもらえなくなる	☑☑☑	
66	公的年金の振込口座	使い勝手のいいのは「ゆうちょ銀行」	☑☑☑	
67	繰り下げ受給で「寡婦の経済苦」を回避	専業主婦は自分の年金額を増やしておく必要がある	☑☑☑	
68	「遺族年金があるから大丈夫」ではない	妻が1人になっても安心な資金計画が必要	☑☑☑	
69	「会社員の夫+専業主婦の妻」の年金	妻も厚生年金に加入して自分の年金を増やす	☑☑☑	
70	「DINKS会社員夫婦」の年金	老後は夫の年金収入で生活費を賄うようにする	☑☑☑	

メモ(関連する項目番号、見直しの回数など自由に記入)

	項目	ポイント	Check	メモ欄
71	「シングル」の年金	使える制度をフルに使って年金を増やす	☑☑☑	
72	退職金は受け取り方で手取りが変わる	一時金形式は「退職所得控除」のメリット大	☑☑☑	
73	iDeCoの一時金は退職所得控除に注意	FIRE時の「退職所得の源泉徴収票」を保管しておく	☑☑☑	
74	iDeCoと確定給付年金の一時金	iDeCoの一時金を先に受け取ることがお勧め	☑☑☑	
75	確定給付年金は退職後の運用継続も可能	会社の将来に不安を感じるなら持ち出す	☑☑☑	
76	投資信託を取り崩す順番	値動きの大きい投資信託から取り崩していく	☑☑☑	
77	投資信託を取り崩す3つの方法	定口法なら高いとき多めに、安いとき少なめに受け取れる	☑☑☑	
78	投資じまいの仕方	証券会社の自動解約サービスを利用する	☑☑☑	
79	相続した空き家への対応	活用法はいろいろあり解体や補修の補助金制度もある	☑☑☑	
80	親からの遺産の受け取り方	「小規模宅地等の特例」活用など事前対策が重要	☑☑☑	

メモ(関連する項目番号、見直しの回数など自由に記入)

	項目	ポイント	Check	メモ欄
81	FIRE で「天職」に出逢う	「労働」や「キャリア」を「天職」に変える	☑☑☑	
82	FIRE 後は柔軟に働くのが「ライトFIRE」	好きなことがお金になる「フロー FIRE」を目指す	☑☑☑	
83	働くことは「会社に属すること」ではない	会社とつながっていたいなら“社員の業務の隙間を埋める仕事”を	☑☑☑	
84	自分マーケティング	仕事の依頼に「私で大丈夫ですか？」は厳禁	☑☑☑	
85	自分１人で働くのが長続きのコツ	やりたかった１人仕事に挑戦して自分に合う２～３に絞る	☑☑☑	
86	50 代の財産は「お金」でなく「人」	若い人と仲良くなって苦手な分野の知識・情報を得る	☑☑☑	
87	FIRE 後をにらんでの副業（複業）	副業も分散することでリスクヘッジになる	☑☑☑	
88	会社員のメリットとデメリット	手厚い社会保障と安定した収入が得られる	☑☑☑	
89	フリーランスのメリットとデメリット	青色申告にすれば赤字を３年間繰り越せる	☑☑☑	
90	FIRE に役立つ資格	VUCA 時代に有効な「人と関わる資格」	☑☑☑	

メモ（関連する項目番号、見直しの回数など自由に記入）